El Manjar
de los Dioses

El Manjar de los Dioses

La Huelga del Primero de Abril de 1993

Unión de Trabajadores de Kaolin
Kennett Square, Pensilvania, Estados Unidos de América
por

Leticia Roa Nixon

Para realizar pedidos de este libro, contacte con:
Palibrio
1663 Liberty Drive
Suite 200
Bloomington, IN 47403
Gratis desde EE. UU. al 877.407.5847
Gratis desde México al 01.800.288.2243
Gratis desde España al 900.866.949
Desde otro país al +1.812.671.9757
Fax: 01.812.355.1576
ventas@palibrio.com
490299

ÍNDICE

Dedicatoria

En homenaje póstumo a Efraín García, pizcador mexicano, víctima de leucemia quien murió en su pueblo natal de Uriangato, Guanajuato, el 25 de diciembre de 1994 a la edad de 33 años.

Trabajó en las compañías de South Mills Mushrooms y de Marson Mushrooms en Kennett Square, Pensilvania, sin prestaciones sociales, seguro médico ni beneficios.

Al igual que miles de trabajadores migratorios, lo único que tenía era su salario del cual dependía su familia en México.
Le sobreviven su viuda y sus cuatro hijos: Gerardo, Efraín, Patricia y Marta.

Este libro está dedicado en especial a todos los integrantes de la Unión de Trabajadores de Kaolin y a sus familias tanto en Estados Unidos, como en México y Puerto Rico.

Agradecimiento a:

Nelson Carrasquillo, Arthur N. Read, Ventura Gutiérrez Méndez, Luis Tlaseca, Aarón G. López Publicador de *El Hispano*, Dr. José Castillo Hita, David Suro, Asambleísta por Acumulación Angel Ortiz, Wilfredo Rojas, Presidente del Congreso Nacional Pro-Derechos de los Puertorriqueños, Capítulo Filadelfia; Efraín Roche y Pedro Rodríguez de *Enfoque Comunal*, Primitivo Rodríguez de AFSC, Profesora Aurora Camacho de Schmidt de Swarthmore College, Iris Violeta Colón Torres, escritora y poetisa; Martha González, al fotógrafo Harvey Finkle y a Karla Delgado de Palibrio.

Prefacio

EL MANJAR DE LOS DIOSES

Se dice que los faraones del Antiguo Egipto destinaban los champiñones para sus propios platillos y les prohibían a los plebeyos comer dichos vegetales.

Los romanos aprobaron leyes parecidas y llamaron a los champiñones "El Manjar de los Dioses".

También creían que los champiñones le daban fuerza extraordinaria a los guerreros en las batallas.

Fue hasta el siglo XVIII cuando en Francia se iniciaron las técnicas para el cultivo de los champiñones en las canteras de piedra caliza en las afueras de París.

Aunque los champiñones dejaron de ser exclusivamente "El Manjar de los Dioses" permanecieron como un platillo exquisito de las clases sociales de mayor poder económico hasta principios del siglo XX.

Introducción

La finalidad de este libro es presentar una relación cronológica de la historia de la huelga de los trabajadores del champiñón de la planta Kaolin en Kennett Square, Pensilvania desde el primero de abril de 1993 hasta la firma de su contrato colectivo y la descertificación de la Unión de Trabajadores de Kaolin en 2016. Cabe señalar que las estadísticas y datos referidos a lo largo de este libro perentecen a las cifras existentes en 1993.

Huelguistas de la Planta de Kaolin.
Cortesía de Harvey Finkle

Ciento cuarenta trabajadores de la compañía productora de champiñones South Mills Mushrooms de la planta Kaolin abandonaron sus labores para estallar la huelga exigiendo salarios justos, mejores condiciones de trabajo y prestaciones; así como el reconocimiento de su sindicato.los trabajadores agrícolas huelguistas eran principalmente mexicanos y puertorriqueños. Este movimiento sindical no sólo tuvo un impacto en el poblado de Kennett Square, en el condado de Chester, la autodenominada "Capital Mundial del Hongo", sino que la información de tal evento se propagó por el estado de Pensilvania, a otras ciudades de Estados Unidos y pronto alcanzó una difusión internacional.

El 15 de diciembre de 1998 la Corte Suprema del Estado de Pensilvania ratificó la validez de las elecciones el 27 de mayo de 1993 que le dieron la victoria a la Unión de Trabajadores de Kaolin, con 140 votos a favor y 102 en contra. El 3 de enero de 2002,los miembros de la KWU firmaron un contrato colectivo con la empresa, entrando en vigor el 7 de enero de 2002.

**Rufino Díaz firmando el contrato colectivo
en 2002. Cortesía de C.A.T.A.**

La huelga de la Unión de Trabajadores de Kaolin hizo historia y sentó las bases de un proceso más sólido para alcanzar mayor justicia social en favor de lo trabajadores del champiñón en el Condado de Chester, Pensilvania, Estados Unidos de América.

Capítulo 1

ANTECEDENTES HISTÓRICOS

"Poderoso cabellero es don dinero"

La Agroindustria en los Estados Unidos

La agroindustria es una de las preciadas joyas de la economía de Estados Unidos. Es una industria con un poder político formidable.

De acuerdo al escritor David Rapp, en su publicación *"How the US got into agriculture and why it can't get out"*, Congressional Quarterly, Inc., 1988, la asociación entre los granjeros y el gobierno data de hace 75 años cuando al Congreso se le ocurrió que los fondos de los contribuyentes deberían utilizarse para ayudar a la agricultura. En aquel entonces, los granjeros querían que sus representantes políticos añadieran medidas de estabilidad de precios y seguridad a los ingresos de los vaivenes impredecibles de la economía agrícola.

El hecho de que los granjeros y residentes rurales, cuyas vidas dependían de la economía agrícola, constituían casi la mitad de la población estadounidense en la década de los 20s solamente realzó su posición en Washington.

Así--dice David Rapp en su publicación--desde el principio la política agrícola en los Estados Unidos se desarrolló con bases tanto políticas como económicas. Con el tiempo, los sucesivos Congresos y presidentes del país encontraron una variedad de maneras para ayudar y proteger a este importante grupo de electores.

1

Sus ofertas provenían principalmente en forma de alivio de deudas y protección a los precios de los productos agrícolas.

El dinero se vertía a los Bancos Federales de Fomento Agrario y se recurría a diversos medios para ayudar a los granjeros a conseguir mejores precios para sus cosechas.

Aunque los 4.9 millones de granjeros económicamente activos en los Estados Unidos solamente constituyen ahora un 2% de la población, éstos continúan sustentando tal poder e influencia en el Congreso y en la Casa Blanca que ni el Partido Demócrata, y mucho menos el Partido Republicano, se han atrevido a retar la premisa básica de que el gobierno tiene una responsabilidad de apoyar a las empresas familiares de los agricultores.

En tanto, los agricultores ocupan importantes posiciones políticas y financieras en casi todos los estados del país y en un gran porcentaje de los distritos congresionales, donde generalmente están bien organizados y versados en dar a conocer su sentir y opiniones a las personas que buscan posiciones oficiales.

Los intereses de los agricultores se difundieron más allá de las granjas abarcando tanto equipos agrícolas, semillas, abastecedores de fertilizantes, camiones, comerciantes, banqueros rurales y tenderos locales quienes junto con los agricultores constituyen un poco más de una quinta parte de la fuerza laboral de la nación y de la producción de bienes y servicios de un total de casi una quinta parte del Producto Nacional Bruto de los Estados Unidos.

La importancia de los granjeros no puede ser subestimada. Tanto los republicanos como los demócratas reconocen que el equilibrio del poder en el Congreso y en la Casa Blanca con frecuencia depende en la manera en que los partidos confieren con el grupo de agricultores que sustentan el respectivo poder político.

Dentro de este contexto a nivel nacional, surge la Huelga del Primero de Abril de 1993. Hay que considerar que un centenar de trabajadores agrícolas hispanos, en su gran mayoría mexicanos, se enfrentaron a Kaolin Mushroom Company de Kennett Square, en aquel entonces la quinta compañia de champiñones más grande de los Estados Unidos, con ventas anuales de $20 millones de dólares y con 500 empleados, en la población principal productora de champiñones en el Condado de Chester, en el estado de Pensilvania, donde se cosecha la cuarta parte de la producción nacional de este vegetal y donde ninguno de los cuatro mil trabajadores agrícolas del champiñón estaba sindicalizado hasta esa fecha.

Por otra parte, hay que imaginar el impacto social que tuvo este movimiento sindical en un poblado pintoresco que ha sido el hogar tradicional de la aristocracia provinciana y, recientemente, de los nuevos ricos de Wilmington, Delaware y Filadelfia que tienen aspiraciones aristocráticas. Aparte del aire puro y la tranquilidad del campo, no hay muchos atractivos para los pobladores urbanos del Condado de Chester. El área tiene poco desarrollo industrial, vivienda limitada y transporte público inadecuado.

Sin embargo, el Condado de Chester es una zona bastante desarrollada que tiene dinero en efectivo y una economía sólida, principalmente por la industria champiñonera local.Por tanto, uno de los pilares de la economía de este condado es precisamente el cultivo de los champiñones.

En términos de agroindustria, en 1993 Pensilvania ocupaba el 56% del área total de producción nacional del champiñón seguido por California, Ohio, Michigan, Nueva York y Delaware. La mayoría de los cultivadores en Pensilvania se localizan en el Condado de Chester.

A nivel nacional, cada año los agricultores del champiñón producen de 760 a 780 millones de libras de champiñones cultivados comercialmente.

Cerca de una tercera parte de éstos se usan en el mercado de procesamiento (champiñones enlatados, sopas e ingredientes). Las dos terceras partes restantes se venden en el mercado fresco a través de abarroterías o servicios de alimentos. Los estadounidenses consumen cerca de cuatro libras de champiñón per cápita.

En cuanto al aspecto laboral, esta huelga surgió en un poblado donde la industria del champiñón generaba en 1993 $256 millones de dólares de ganancia anuales y en una compañía manejada por los hermanos de descendencia italiana, John y Michael Pia, durante diez años, en la cual los accidentes de trabajo no eran debidamente reportados, las violaciones laborales y la falla de cumplimiento de la compensación al trabajador no eran disputadas por sus 500 empleados.

Breve historia de Kennett Square

Los pobladores originales de esta área fueron los indios Lenni-Lenape, miembros de la Nación Algonquin. Los Lenni-Lenape eran una de las tribus que ocupaban el Valle del Delaware integrado actualmente por los estados de Delaware, Nueva Jersey, Pensilvania y Nueva York. El significado del nombre de esta tribu es "gente antigua, la gente original".

Los primeros colonos que llegaron a esta zona eran principalmente cuáqueros ingleses e irlandeses. El nombre de este poblado se atribuye a Francis Smith quien provenía de Wiltshire, Inglaterra donde había un villorio llamado Kennett. La fecha de incorporación de Kennett Square es el 13 de marzo de 1855.

El nombre del municipio se mencionó por primera vez en los expedientes de los tribunales del Condado de Chester en febrero de 1705 cuando el condestable Henry Price compareció en la Corte. La población negra apareció a principios de los 1800s. La segunda ola principal de inmigrantes fue la de los irlandeses católicos alrededor de 1840. Vinieron a trabajar para los cuáqueros en las granjas y canteras, escapando de la hambruna y la persecución política en Irlanda. Muchas familias italianas vinieron en 1870 para trabajar en las vías de ferrocarriles y las canteras.

Durante más de un siglo, Kennett Square ha sido un centro comercial importante. La industria del champiñón, la floricultura y las pequeñas empresas manufactureras han propiciado una economía local próspera.

Kennett Square es una comunidad única en su género en el sur del Condado de Chester, Pensilvania. Durante más de un siglo ha sido un centro de comercio, a pesar de que el pueblo está solamente a 20 millas de la ciudad de Wilmington, Delaware y a 30 millas de Filadelfia.

La industria del champiñón, la floricultura y las pequeñas compañías manufactureras han propiciado una economía local próspera.

Kennett Square es un municipio de menos de cinco mil habitantes.

Con el tiempo llegaron blancos pobres, negros y puertorriqueños y formaron sus propios vecindarios. De hecho, miembros de estos grupos todavía viven ahí.

Las poblaciones de los municipios y distritos municipales comenzaron a cambiar hace una década cuando profesionales como doctores, abogados e ingenieros de las áreas de Filadelfia y Wilmington comenzaron a asentarse en el área. Muchos de ellos estaban escapando de los costos de espiral de la vivienda, los altos impuestos, escuelas en dificultades y el crimen desenfrenado en las ciudades que se desbordó a los suburbios. Los recién llegados compraron casas en el mercado de bienes raíces relativamente despreciados y enviaron a sus hijos a las escuelas locales. Sin embargo, continuaron trabajando en las ciudades.

Viajaban con billete de abono a sus oficinas los fines de semana y a la ópera, al teatro y a cenar los fines de semana.

Fue aproximadamenate en esta época cuando los inmigrantes mexicanos estaban creando sus propios enclaves en Kennett Square, Oxford, Toughkenamon, Avondale y West Grove.

Cómo se abastece el Mercado Laboral

"Pásele a lo barrido, aunque regado no esté"

Las rutas de inmigración son redes socioeconómicas organizadas con el fin de conseguir trabajo y conservar la cohesión social a través de los compadrazgos y de obligaciones recíprocas de parentesco.

En consecuencia, dice Robert Smith en su estudio *"The Social Structure of Accumulation, Immigraton Pathways and IRCA: The Construction of Labor Markets in the Pennsylvania Mushroom Industry, 1969-1989"*, Columbia University, New York, el resultado es que los empleos en la industria del champiñón nunca están realmente "abiertos".

En vez del mercado laboral formal es la red de parentesco ficticio la que mantiene los empleos permanentemente ocupados.

Es a través de estas rutas de inmigración que se mantiene bien abastecida la industria del champiñón. En la práctica se puede decir que estas redes de parentesco ficticio constituyen el mercado de trabajo.

En un principio el flujo migratorio fue la respuesta a la demanda de trabajo en la agroindustria de Estados Unidos, pero con el tiempo esta corriente migratoria adquirió fuerza propia, impulsada por la importancia de las relaciones sociales entre los trabajadores y la convicción de que hay trabajo disponible en regiones de la Unión Americana.

La Industria de los Hongos en el estado de Pensilvania

Crédito de la ilustración: mushroom -illustrations- public domain-19th century

William Swayne, residente de Kennett Square en Pensilvania, inició el cultivo del champiñón en los Estados Unidos en 1896. Fue el primero en construir una casa dedicada exclusivamente a la cosecha de champiñones. Anteriormente, estos vegetales crecían en la tierra fértil debajo de las bancas de los invernaderos.

Durante mucho tiempo los champiñones se cosechaban solamente una vez al año durante un periodo de cinco meses. Debido a los avances tecnológicos en la industria, el ciclo de crecimiento de este vegetal se redujo de cinco meses a once semanas; y los agricultores recolectaron en 1993 un promedio de 4.7 cosechas al año.

En la actualidad, los champiñones se cosechan comercialmente todo el año a diferencia de cuando crecían en su estado natural, gracias al acondicionamiento del aire y a otros adelantos tecnológicos.las granjas de champiñones actuales operan con una tecnología más avanzada, incluidos los sistemas de computación mediante los cuales se supervisa cada etapa de la producción del champiñón.

De las 38,000 variedades de champiñones, el Agaricus bisporus (el botón blanco) es el tipo de mayor cultivo comercial. Un primo del Agaricus es el Crimini, también conocido como el Italiano Café el cual tiene un sombrerito más oscuro y un sabor más fuerte. Hay muchas otras variedades disponibles como son el Shiitake, el Hongo Ostra, el Portabella y el Enoki.

En opinión de los agricultores, los champiñones de calidad son aquéllos blancos, firmes y de color claro. Es decir que su color blanco debe ser brillante con el velo o la parte oculta todavía conectada al tallo.

Antes de las tecnologías contemporáneas del cultivo del champiñón, éste se plantaba en otoño y se cosechaba en el invierno y en la primavera, a diferencia de otros vegetales.

Debido a que los champiñones son una cosecha invernal, no se conseguían fácilmente en el verano.

Ahora los champiñones se cultivan comercialmente todo el año gracias al aire acondicionado y a otros adelantos tecnológicos.

Las fincas

Hay tres tipos básicos de fincas de champiñones. La más común es la pequeña, operada por familias que contratan menos de 15 trabajadores. Aunque las fincas familiares son más numerosas que las otras, no son representativas de dicha industria.

Las fincas medianas que emplean entre 25 y 100 trabajadores, bajo la supervisión de un jefe de cuadrilla hispanoparlante, son las que dan cuenta de la mayor fuerza laboral hispana.

En el tercer tipo de fincas grandes no hay muchas empresas que contratan a más de 100 pizcadores.

De acuerdo con el Directorio Comercial de Pensilvania 1992-1993 había 123 negocios relativos a los champiñones en dicho estado. En Kennett Square se localizaban las siguientes 24 empresas: Agrisystems USA Inc.; Alpine Mushroom Farms Inc.; American Mushroom Institute; Delaware Valley Grower Co-Op; Drew diCarlo Mushrooms; Guthrie Spawn Co.; Irwin Bryan; J.B. Swayne Spawn Co.; John de Paoli & Son;

Kennett Canning Co.; Luca's Mushroom Inc.; Marson Louis Jr.; MRD Corp.; Nick Basilio & Son Inc.; Phillips Michael W.; Phillips Mushroom Farms, Phillips Mushroom Place; Pietro Industries Inc.; RCA Mushrooms; R&R Mushroom Farms, Inc.; Ruggierei Mushroom Corp.; Snow White Mushroom; Starkey Robert M. y Unionville Mushroom Farms.

Las casas de cultivo

La producción del champiñón es hortícola y no agrícola. Es decir que se cultiva en condiciones similares a la de los huertos en vez del campo.

Ya en las casas de cultivo, el proceso de producción de los champiñones se divide por lo general en cinco pasos:

Elaboración del abono.- Se combinan las materias primas como son el estiércol, las mazorcas, yeso y paja. Una vez que la mezcla está fermentada, se vacía en las "camas" donde continúa su descomposición. La tremenda cantidad de calor liberado--cerca de 140 a 150 grados Fahrenheit--pasteuriza el abono.

Siembra de micelios de champiñones.- Las semillas se esparcen por toda la superficie del abono y se permite su crecimiento.

Encasillado.- Los trabajadores ponen una capa de musgo de pantano fertilizado sobre el compuesto, favoreciendo todavía más el crecimiento de los champiñones.

Recolección.- Se reduce la temperatura, induciendo al champiñón a madurar. Después se pizcan los champiñones.

La cosecha generalmente requiere cuatro cortes al ras o rondas de pizca.

Limpiar y llenar.- Se vacía el abono viejo y se preparan las casas para el siguiente llenado. En total, el proceso dura 13 semanas y la mayoría de las compañías productoras de champiñones llenan sus camas tres o cuatro veces al año.

Durante todo el período del crecimiento del champiñón, se controla cuidadosamente el nivel de la temperatura y de la humedad.Los champiñones maduran en diferentes períodos, así que la pizca manual es continua durante seis a diez semanas.

Condiciones de trabajo intensas

**Trabajador del champiñón de Kennett
Square, PA. Cortesía de Harvey Finkle**

Los champiñones son uno de los productos hortícolas más difíciles de cultivar. Se requiere una fuerza de trabajo intensiva para producir una cosecha consistente y de alta calidad.

Los champiñones frescos tienen una vida de alacena de cuatro a cinco días, después se llenan de manchas y no son tan atractivos para el consumidor.Estos vegetales se echan a perder con mayor rapidez que otros.

Por otra parte, debido a que su apariencia es de vital ilmportancia en el mercado competitivo del champiñón fresco, la pizca de los champiñones comienza a las tres o cuatro de la madrugada para que este producto llegue en óptimas condiciones a su destino.

Dentro de las casas de cultivo los pizcadores trabajan doblados por la cintura durante horas en andenes de tres pulgadas de ancho y a tres metros de altura. Para no aplastar a los champiñones de las camas, el pizcador no puede recargarse o tenderse encima de ellas.

Los trabajadores cortan los champiñones con un cuchillo de cuatro pulgadas de largo. En una jornada promedio el pizcador corta el tallo de 300 libras diarias de este vegetal y para ganar más dinero, el pizcador sabe que hay que cortar rápido.

En 1993 los pizcadores llenaban de 30 a 40 cajas de 10 libras al día para ganar un promedio de 55 dólares diarios.

El 60% de los trabajadores agrícolas trabajan horas extras siete días a la semana, entrando a las casas de cultivo oscuras y húmedas en la madrugada y saliendo en la noche, sin ver la luz del día.

Debido a la humedad y la tierra que cae en las plataformas, los accidentes más comunes entre los pizcadores son los resbalones y las caídas, ya que no existen guías donde sujetarse

La producción nacional del champiñón en 1993

De acuerdo con las estadísticas del Departamento de Agricultura publicadas el 18 de agosto de 1994, el volumen total de las ventas del hongo en los Estados Unidos durante el año productivo de 1993-94 bajó un dos por ciento a 763 millones de libras. Los precios que recibieron los agricultores fueron más elevados debido principalmente a un 14 por ciento de incremento en los precios de los champiñones Agaricus procesados, los precios por los champiñones son los que los productores recibieron en el momento de la primera venta. En general, el valor de la cosecha de los champiñones estadounidenses aumentó un 5 por ciento el año pasado. Continuando esta tendencia, el número de agricultores que producen champiñones declinó de 364 en 1993 a 355 en 1994.

La producción de champiñones Agaricus fue de un total de 755 millones de libras, un tres por ciento menos de 1993. Esta declinación hizo que se revirtiera una tendencia de producción creciente y eso se debió principalmente a que una compañía productora grande suspendió sus operaciones.

En el año 1993-94, Pensilvania estuvo otra vez a la cabeza de todos los estados en la producción de hongos con 355 millones de libras. Los productores de champiñones de Pensilvania abastecieron el 47 por ciento de la producción total nacional del champiñón. Le siguió en segundo lugar California con 128 millones de libras. Esta producción representó el 17 por ciento de todo el champiñón Agaricus cultivado en el país.

El valor de la cosecha anual 1993-94 del Agaricus fue de un total de $692 millones, un tres por ciento más que la temporada pasada.Los agricultores recibieron un promedio de 91.7 centavos por libra, es decir 5.50 centavos más por libra que el año pasado.

Los precios del champiñón fresco como del champiñón procesado tuvo un aumento. El promedio de los precios fue de $1.03 por libra para el champiñón fresco y de 66.2 centavos por libra para los champiñones procesados.

De acuerdo con las estadísticas del Departamento de Agricultura de los Estados Unidos, desde 1976 a 1993, el precio promedio por libra de champiñones variaba entre 90 centavos a un dólar.

En julio de 1993 el precio de una canasta de diez libras fluctuaba entre $8.00 y $9.00; el 20 de septiembre, de $9.00 a $9.50; el 25 de abril de 1994, entre $9.50 y $10.00 y el 25 de julio de ese mismo año de $10.50 a $11.00.

Desarrolllo Histórico de la Fuerza Laboral

Trabajadores migratorios

"Chiquitos pero picosos"

Debido a la demanda de trabajadores de temporada, de mano de obra no calificada, la agroindustria recurre a trabajadores migratorios. Los inmigrantes constituyen casi las dos terceras partes de la fuerza laboral de la agroindustria.

Aproximadamente 75,000 granjas de los Estados Unidos contratan a trabajadores para la producción de frutos, verduras, flores y productos de invernadero.

La agroindustria en Estados Unidos genera ganancias anuales de más de 28 mil millones de dólares de la producción de frutos, vegetales y cosechas horticulturales especializadas.

La importancia económica de abastecimiento adecuado y estable de la mano de obra es un factor crucial en las ganancias de esa industria y presenta un reto para los empleadores para encontrar y contratar suficientes trabajadores para satisfacer esta demanda.

A su vez, los inmigrantes se ven confrontados con la tarea de trabajar un gran número de horas para ganarse la vida en condiciones desventajosas.

Según una encuesta sobre los trabajadores del campo del Departamento de Agricultura de los Estados Unidos, se contrataron a 1,106,000 trabajadores agrícolas en 1990, pero debido a los patrones de vivienda, movilidad y el conocimiento limitado del idioma inglés, un cálculo más razonable sería de dos millones y medio de trabajadores empleados anualmente.

La mayoría de los trabajadores agrícolas son inmigrantes de origen latino que dejan sus hogares en el Caribe o México buscando medios económicos para poder mantener a sus familias fuera de la depresión de la economía de su país natal.

De acuerdo a los investigadores Mondragón, Zuroweste y Arenasen su estudio *"Accesibilidad a los Servicios de Salud para Agricultores Migrantes Mexicanos en Pennsylvania:Un Abordaje de Evaluación Rápida"*, se han identificado tres patrones migratorios principales de México hacia los Estados Unidos de América: la corriente Tejana, la corriente de la Costa Este en los estados de Florida, Virginia, Nueva Jersey, Maryland y Pensilvania, y la corriente de la Costa Oeste, que va desde Tejas y California, hasta el estado de Washington y Oregon. La gran mayoría son mexicanos, pero esta frontera es el paso obligado para muchos otros trabajadores de Centro y Sudamérica.

En el estado de Pensilvania, EUA, existe una corriente migratoria importante de agricultores mexicanos (entre otros hispanos), quienes cultivan principalmente los champiñones, jitomate, tabaco, durazno, manzana y plantas de ornato y frutales. Estos trabajadores provienen principalmente de los estados de Guanajuato, Michoacán y del Estado de México.

El estado de Pensilvania tiene la segunda población latina más grande en tanto el estado de Nueva York cuenta con la mayor concentración de latinos.

Víctor García y Laura González, antropólogos mexicanos realizaron un estudio de mexicanos migrantes en el sur del Condado de Chester titulado *"Finding and Enumerating Migrants in Mexican Enclaves of the U.S. Northeast: The Case of Southern Chester County, Pennsylvania"*.

El objetivo de este estudio--en las propias palabras de los autores-- "es identificar y describir la población migrante mexicana en el sur del Condado de Chester con el fin de hacer recomendaciones que mejoren las futuras enumeraciones de la Oficina del Censo de Estados Unidos acerca de esta población tan difícil de alcanzar".

García y González documentaron los resultados de su investigación en un informe para la Oficina del Censo de Estados Unidos en mayo de 1994.

La fuerza laboral

"El que es perico donde quiera es verde"

A principios del siglo XX, los cuáqueros eran los dueños y los operadores de la industria del champiñón. Su éxito y su crecimiento pronto demandó el uso de mano de obra de trabajo externa. De esta manera se contrataron a italianos inmigrantes quienes dominaron la industria una vez que la compraron de los cuáqueros.

En la década de los 20s los inmigrantes italianos vinieron al área y trabajaron como empleados para los agricultores locales del champiñón.

Por otra parte, en esa misma época, el cierre de una cantera hizo que muchos trabajadores italianos se cambiaran a la industria del champiñón.

En la década de los 30s y 40s dichos granjeros holandeses e italianos manejaban en su mayoría ranchos pequeños de tipo familiar. La industria creció con el número de cultivadores italianos y con el tiempo se convirtieron en el grupo étnico dominante de los agricultores.

De acuerdo con estadísticas del Censo de EUA y de la Sociedad Histórica del Condado de Chester, para los 40s la mayoría de los residentes extranjeros del condado eran italianos. Representaban el 31 por ciento, o 2,407 de los 7,710 extranjeros viviendo en el condado.

A principios del siglo 20, cuando los italianos empezaron a migrar al Condado de Chester, encontraron pocos molinos o factorías dispuestas a contratarlos ya sea porque no hablaban el idioma inglés y no tenían educación formal o porque eran italianos. Como resultado de ello, muchos italianos trabajaron en la industria del champiñón porque era un trabajo que requería pocas destrezas y porque no había quién quería hacerlo. El primero en darle trabajo a los italianos en las fincas de champiñón fue J.B. Swayne.

Al continuar la llegada de italianos, muchos de ellos comenzaron pequeñas fincas para poder alimentar a sus familias, pero al mismo tiempo cultivaban champiñones para ganar dinero. Cuando comenzaron a entrar en el negocio, los italianos cultivaban los champiñones durante el invierno y pasaban los veranos trabajando sus tierras de labranza. Ganaban bien, pero trabajan arduamente.

Con las mejoras en tecnología y la llegada de más italianos la industria champiñonera prosperó y al igual que muchas familias italianas generación tras generación mantuvieron sus fincas familias de cultivo de champiñón y en algunos casos las expandieron hasta constituir grandes compañías champiñoneras.

A fines de la década de los 40s y a través de los 50s, aumentó la demanda de trabajo y fue entonces cuando la fuerza laboral de la industria del champiñón consistió principalmente de afroamericanos locales y de Carolina del Norte y con blancos de los estados montañosos del sur de Tennese y de la región occidental del estado de Virginia.

Los trabajadores puertorriqueños llegaron a fines de la década de los

50s y predominaron en la industria durante los años 60s hasta finales de la década de los 70s.

Los primeros mexicanos llegaron a la industria en 1963, pero su emergencia como un grupo distintivo en el mercado laboral se nota por lo general en 1973-74. En 1978 los mexicanos representaban el 50% de la fuerza de trabajo y para 1980-81, constituían el 60-70% de la fuerza laboral. Para 1986 representaban más del 80% y en 1989, más del 90%.

El reemplazo de trabajadores puertorriqueños por mexicanos durante los últimos 25 años trajo grandes cambios tanto en la organización laboral como en el mercado de trabajo.

En el primer aspecto, la organización laboral en la industria de los champiñones pasó de un sistema brutal de jefes de cuadrilla que ejercían un poderoso control coercitivo, a una modalidad parecida al sistema de capataces de la organización laboral industrial.

Por su parte, los puertorriqueños tenían mayor conciencia de sus derechos civiles y sociales. Así, en el segundo aspecto, en mercado laboral los patrones prefirieron contratar a trabajadores migratorios mexicanos porque estaban dispuestos a trabajar en pésimas condiciones, casi sin días de descanso y sin seguro social.

Actualmente, la fuerza laboral mexicana es la prevaleciente en la industria del champiñón en el estado de Pensilvania y Delaware y los trabajadores no cuentan con seguro social y carecen de beneficios.

Se calcula que solamente 300 de los trabajadores agrícolas mexicanos del champiñón tienen a sus familias en el área del Condado de Chester y se calcula que existe una población de 20,000 latinos que crece con rapidez. Hay residentes procedentes de Centro y Sudamérica en West Chester, Coatesville, Phoenixville, y la mayor concentracion se localiza en el sur del Condado de Chester. De acuerdo a la publicación "The Keystone Agriculture Digest" había 103,000 trabajadores agrícolas en Pensilvania durante la semana del 11 al 17 de julio de 1993. La mayoría de estos trabajadores eran migratorios y se quedaban en Pensilvania por tiempo limitado.

Sin embargo, la fuerza laboral de la industria del champiñón es todo el año y los trabajadores son considerados temporales. Hay aproximadamente 2, 000 trabajadores agrícolas del champiñón que son mexicanos o puertorriqueños en el sur del Condado de Chester y del Condado de Berks. En el Condado de Chester éstos incluyen las esposas dependientes, 700 hijos en la escuela, 540 mayores de 16 años, y 300 preescolar o aproximadamente 2,500 dependientes. Este número cambia con rapidez porque las esposas e hijos se reúnen con sus maridos. Estos son hombres que, en su mayoría, son parte del proceso de legalización. La mayoría de las mujeres y niños no están legalizados, el cual es un proceso muy largo. Se calcula que llegaron 230 familias nuevas aquí el año pasado.

Los trabajadores agrícolas generalmente ganan $4.25 por hora (el salario mínimo) sin pago de tiempo adicional. La cosecha está en su pleno apogeo entre septiembre y enero y a menudo los trabajadores trabajan 60 a 70 horas a la semana, siete días a la semana.Durante el verano trabajan menos de 30 horas.

Por lo general, cada familia destina el 50% o más de su salario para cubrir los gastos de vivienda. Casi no les queda dinero para el cuidado médico.Muy pocas compañías del champiñón (aproximadamente 200) en el Condado de Chester ofrecen seguro médico a sus empleados. Sin embargo, los champiñones son la cosecha que le deja más dinero al estado de Pensilvania"(*"Finding and Enumerating Migrants in Mexican Enclaves of the U.S. Northeast: The Case of Southern Chester County, Pennsylvania"*).

"Cada santo elogia su parroquia"

La mayoría de los trabajadores vienen de la ciudad de Moroleón, Guanajuato (cuya población en 1990 era de 37,000 habitantes) y de los ranchos como son Las Peñas, La Barranca, Ojo de Agua, Quiayo, Santa Gertrudis, Amoles, Zerécuaro, Caricheo, Pamaceo, Soledad, Zepio, Pinícuaro y Ordeñas que son considerados como parte del municipio .

**Moroleón, Guanajuato en México.
Cortesía de Leticia Roa Nixon**

De acuerdo a un estudio de Robert C. Smith titulado *"The Social Structure of Accumulation, Immigraton Pathways and IRCA: The Construction of Labor*

Markets in the Pennsylvania Mushroom Industry, 1969-1989", la inmigración fortuita de cuatro braceros mexicanos en los 70s inició la ruta migratoria entre el Municipio de Moreoleón, Guanajuato y Pensilvania. Durante los siguientes 25 años, la gran mayoría de los trabajadores agrícolas venían de Moroleón y de los ranchos circunvecinos en el estado de Michoacán. Así se establecieron rutas menores entre las rancherías de los alrededores de la ciudad de Toluca, en el Estado de México y de los ranchos en el estado de Puebla, cerca de Izúcar de Matamoros.

Los trabajadores agrícolas mexicanos

"Juntarse el hambre con las ganas de comer"

Luis Tlaseca, líder local de la Huelga de Abril de 1993 y su esposa, Silvia Tlaseca. Cortesía de Leticia Roa Nixon

"Primero llegamos hombres solos, quienes manteníamos a nuestras familias en México con nuestro trabajo. Después se hizo como una cadena humana, cada uno traía un pariente, un amigo o conocido del pueblo. Vivimos juntos en un departamento en el cual hay 10 ó 15 personas, quienes compartimos los gastos de renta, luz, comida, etc., pero también la dureza de la vida cotidiana....

En el año 85-87 con la ley de Amnistía casi todos nos legalizamos. Después muchos han traído a sus familias. Hay familias mexicanas que tenemos como tres generaciones de hombres que continuamos trabajando en esos campos. Casi todos llegamos a un trabajo que puede estar esperándonos. Esta situación convino y conviene a los propietarios de estas grandes compañías, pues siempre tienen mano de obra barata. Básicamente, somos trabajadores agrícolas mexicanos migrantes, quienes trabajamos en la industria del hongo y producimos millonarias ganancias para sus dueños.

Mientras tanto, nosotros los trabajadores agrícolas, hemos sufrido y continuamos sufriendo de malas e injustas condiciones de trabajo. La tendencia es que nuestra población migrante irá creciendo en la medida en que en México y en otros países de América Latina la situación social, económica y política continúe igual".

Los trabajadores agrícolas de Puerto Rico, México y otros países venimos aquí "al sueño americano" en búsqueda de sobreviviencia, mal vivimos pero con nuestro trabajo subvalorado y casi no pagado. Sin embargo aportamos a la sociedad con nuestra fuerza de trabajo y con los frutos que día a día los alimenta. La vida que llevamos en estos lugares es muy difícil y dura y el futuro para nosotros y nuestras familias no va a ser diferente, a menos que nosotros y la comunidad hagamos los cambios necesarios".

Folleto de C.A.T.A.

Dichos trabajadores están excluidos de la protección federal tal como el derecho para organizarse y negociar colectivamente, las leyes del salario mínimo industrial, compensación por desempleo--excepto por un programa especial temporal y la legislación que prohibe la discriminación en el empleo.

Por otra parte, no existen estadísticas precisas acerca de los trabajadores de la industria del champiñon con clasificaciones por sexo, raza y edad. Un cálculo que hizo el Instituto Americano del Champiñón se basó en el área total de pies cuadrados de champiñones sembrados. La fórmula que utilizan es un pizcador por cada 8,000 pies cuadrados.

Trabajadores del estado de Guanajuato

Foto superior: Nelson Carrasquillo Coordinador General de C.A.T.A. en el estado de Guanajuato en 1993-1994
Foto inferior: trabajadores de temporada guanajuatenses 1993-1994
Cortesía de C.A.T.A.

Cuando estalló la huelga del primero de abril de 1993, la mayoría de los huelguistas eran de la ciudad de Moroleón, estado de Guanajuato, México.

Acerca del carácter de los moroleoneses Alfonso Ortiz Ortiz, cronista de esa ciudad guanajuatense dice en su libro *"Disertaciones Moroleonesas"*:

"....los moroleoneses son francos hasta la ofensa, cuando emiten su parecer, dicen lo que piensan sin reticencia alguna; tienen a deshonor emplear la adulación y la lisonja; poseen reconocida iniciativa, dedicación y tenacidad; en los negocios hacen gala de aguda percepción mercantil y desarrollado espíritu de empresa; a pesar de su individualismo inveterado, se enfrentan con denuedo a cualquier injusticia y opresión; aman a su tierra con sentimiento provincialista y la defienden a costa de su vida; promueven el progreso social en forma individual y sin ayuda ajena; saben aprovechar de inmediato los inventos de la técnica moderna y los descubrimientos científicos, que han modificado al mundo y al hombre de nuestros días. Su inteligencia y su talento son notorios, lo que se comprueba por el éxito que obtienen en los lugares del país y del extranjero donde fijan su residencia temporal o definitiva. Son proverbiales su energía y su agresividad, pero saben tratar a sus amigos con jovial camaradería. Son parcos en el comer y modestos en su vestir, su indumentaria, sencilla y sin ostentaciones, aparece siempre limpia, arreglada y pulcra".

Muchas de estas características de los moroleoneses se manifestaron a lo largo de su lucha de la Unión de Trabajadores de Kaolin como son su dedicación, tenacidad, energía y enfrentamiento a cualquier injusticia y opresión.

La Compañía South Mills Mushroom

"Donde manda el caporal, no gobiernan los vaqueros"

Kaolin es una compañía de Pensilvania dedicada a la producción y cosecha del champiñón con oficinas principales en Kennett Square. Esta compañía es propietaria y opera tres plantas de champiñones en los alrededores de Kennett Square: la planta Kennett Square localizada en West South Street; la planta Alpine ubicada en Starr Road, New Garden Township, Landenberg y la planta M & J localizada en Brad Run Road, Landenberg.

Michael Pia es el presidente de Kaolin y John Pia, su hermano, funge como vicepresidente. La gerente administrativa era Karen Babbitt en 1993.

De acuerdo a un artículo publicado en el diario local *Kennett Square*, del 22 de abril de 1993, Michael Pia explicó que son la tercera generación de la familia Pia dedicada a la industria del champiñón: "mi abuelo, nacido en Italia, John Pia llegó a Kennett Square procedente de California para trabajar en el cultivo de champiñones. Había sido trabajador en la industria vitivícola, pero vino como trabajador agrícola, como aparcero. Compró su primera planta de champiñones en 1940". Debido a la Depresión, John Pia trajo a su esposa y tres hijos a Kennett Square en 1929. Su cuñado le sugirió mudarse al sureste de Pensilvania donde alguien necesitaba ayuda para cultivar champiñones. En su primer año ganó $60 por el cultivo de ese vegetal y compró una estufa y una vaca, de acuerdo a su hijo Louis. John Pia trabajó once años antes de comprar su primera planta en 1940, según dice un artículo publicado en el periódico *Daily Local News* del 18 de abril de 1993.

El negocio de la familia pasó a manos de su hijo Louis quien ya se retiró de la industria de los champiñones y dejó a la compañía en manos de sus dos hijos, John y Michael. John Pia se encarga de las ventas mientras que Michael se hace cargo de la producción (*Daily Local News*, 18 de abril de 1994); en consecuencia, Michael Pia es el responsable directo de la fuerza laboral de Kaolin.

La familia Pia ha expandido grandemente sus operaciones desde 1940. En 1982, los Pia compraron la compañía conocida como Grocery Store Products que son las actuales instalaciones de Kaolin (*Daily Local News*, 18 de abril de 1993).

Aunque no hay estadísticas sobre las compañías del champiñón, el Instituto Americano del Champiñón calculaba en 1990, que de las 192 compañías del champiñón del condado, entre el 80 y el 85 por ciento de los dueños y operadores eran familias de origen italiano.

La planta Kaolin es la más grande de las tres compañías que manejan John y Michael Pia en Kennett Square, de acuerdo al organizador Ventura Gutiérrez.

La compañía de los Pia ocupa el quinto lugar de mayor producción de champiñones en los Estados Unidos. Cosechan 60,000 libras diarias de champiñones con un margen de ganancia de dos y medio a tres centavos por libra (*The Philadelphia Inquirer*, 1o. de mayo de 1994). Producen aproximadamente una cuarta parte de la producción nacional de champiñones y reportaron ganancias de 20 millones de dólares de ventas en 1992. También producen menuda y han diversificado sus inversiones. Su centro de distribución está en Dallas. Venden su producto en Puerto Rico.

La planta Kaolin representa una de las operaciones comerciales más grandes del área de Kennett Square, produciendo 28 millones de libras anuales o el 15% de la cosecha local.

Aproximadamente una cuarta parte de los 500 trabajadores de la planta se fueron a la huelga el primero de abril de 1993.

Las condiciones que llevaron a la huelga

"La burra no era arisca, pero los golpes la hicieron"

"Todos los inmigrantes mexicanos venimos a Estados Unidos en busca de mejores condiciones de vida para nuestra familia. No venimos a quitarles trabajo a otros hermanos.

En México el salario de pago al día es de $6.50 dólares, es muy bajo. Los estudios cuestan mucho y desgraciadamente en nuestro país no tenemos muchas ayudas. Venimos a ser tratados mejor en Estados Unidos, pero aquí hay muchos abusos que sufrimos los trabajadores agrícolas".

Luis Tlaseca, presidente de la Unión de Trabajadores de Kaolin,
Febrero de 1994.

A pesar de que los trabajadores agrícolas migrantes han demostrado su importancia para la agricultura en los Estados Unidos, las condiciones de vida y salariales que enfrentan son pésimas la mayoría de las veces.

Dichos trabajadores están excluidos de la protección federal tal como el derecho para organizarse y negociar colectivamente, las leyes del salario mínimo industrial, compensación por desempleo--excepto por un programa especial temporal y la legislación que prohibe la discriminación en el empleo.

Las condiciones laborales de los trabajadores de los champiñones han permanecido casi inalterables desde hace décadas.

En julio de 1977, el Comité de Pensilvania de Asesoría a la Comisión de Estados Unidos sobre Derechos Civiles, publicó un informe del estudio de los trabajadores del champiñón en los estados de Delaware y Pensilvania.

Esta publicación fue parte de su responsabilidad para aconsejar a la Comisión acerca de los problemas de derechos civiles de sus respectivos estados.

El tema principal que trata este informe es la desigualdad en la protección provista por las leyes de los Estados Unidos y las leyes de los estados de Delaware y Pensilvania.

Los trabajadores de la industria del champiñón en su mayoría hispanoparlantes están mal pagados, tienen el peor alojamiento y constituyen uno de los grupos más empobrecidos en cuestión de servicios médicos en esos estados.

Estas son las conclusiones más importantes a las que llegó el Comité de Pensilvania de Asesoría a la Comisión de Estados Unidos sobre Derechos Civiles en 1977:

* No hay un término universal para definir a los trabajadores agrícolas del champiñón.

* Los trabajadores migratorios no reciben la misma protección que los trabajadores industriales bajo las leyes estatales y federales.

* No existen datos exactos sobre el número de dichos trabajadores.

* Los derechos de los individuos de la industria del champiñón para organizarse y negociar el contrato colectivo no están protegidos por las leyes estatales o federales.

* El salario mínimo de los trabajadores agrícolas de los champiñones es menor que el de los trabajadores industriales.

* No cuentan con compensación por desempleo.

Muchos no reciben los beneficios del seguro social debido a la falta de información.

* Pocos trabajadores son sometidos a un examen físico preliminar o periódico para determinar su estado de salud general o las posibles reacciones a las esporas y sustancias químicas que se usan en las casas de cultivo de los champiñones.

* Hay una alta incidencia de enfermedades respiratorias e infecciones de la piel entre los trabajadores.

* Algunos trabajadores no saben que debe haber un periodo de espera de un mínimo de tres horas antes de volver a entrar a las casas de los champiñones después de haberlas limpiado.

* Han ocurrido accidentes donde no hay escaleras y andenes inseguros.

* No hay guías explícitas de dispositivos de seguridad relacionadas con las casas de cultivo.

En abril de 1993 estas condiciones de trabajo eran similares a las existentes en 1977.

Condiciones de vivienda

"La ley de Caifas: al fregado, fregarlo más"

El costo promedio de una casa era de 149 mil dólares en 1990. Hoy día, las hipotecas son de mil a 4 mil 500 dólares al mes por una casa de una o dos recámaras, lo que significa más dinero de lo que un trabajador agrícola del champiñón gana en un mes.

El promedio de alquiler era de $496 dólares en 1990. Hoy los alquileres varían de $475 a $575 en Kennett Square.

De acuerdo con Víctor García y Laura González, el ingreso anual promedio de los trabajadores permanentes es de $12,5000 sin beneficios excepto de los que provee el estado en forma de desempleo o ayuda por incapacitación.

Por tanto, nivel de ingreso coloca al trabajador agrícola en una gran desventaja en la comunidad como es el caso de Kennett Square donde el ingreso anual por familia es de 40 mil dólares, es decir tres veces más de lo que gana el trabajador de la industria del champiñón.

Las comunidades mexicanas se establecieron principalmente en cinco comunidades del sur del Condado de Chester: Avondale, Kennett Square, Oxford, Toughkenamon y West Grove.

Ahí se han asentado los trabajadores migratorios desde principios de los 80s, pero también habitan en apartamentos. Generalmente viven donde encuentran vivienda que pueda alquilar de acuerdo a sus recursos y lamentablemente en muchos casos se encuentran en zonas donde hay pobreza y delincuencia.

Según el estudio de García y González hay condiciones de sobrepoblación en los apartamentos los cuales en su mayoría son de dos recámaras o duplexes. Un ejemplo de ello son los Apartamentos Center Square enKennet Square.

Una breve descripción de un apartamento, donde trabajadores inmigrantes y migratorios han vivido durante algunos años le darán al lector una idea de las condiciones de vivienda. Para ilustrar esta situación se utilizará el ejemplo de los Apartamentos Center Square, conocidos popularmente como Villa Cuernos. Anteriormente, fueron los puertorriqueños quienes alquilaban dichas unidades habitacionales

A pesar de que los trabajadores agrícolas migrantes han demostrado su importancia para la agricultura en los Estados Unidos, las condiciones de vida y salariales que enfrentan son pésimas la mayoría de las veces (Folleto de C.A.TA.).

Una vez que el trabajador logra conseguir un empleo en la finca, se enfrenta a un sinfín de dificultades:

- Una elevada tasa de producción que no guarda proporción con el salario mínimo.

- Pésimas condiciones de vivienda.

- Problemas de salud y de seguridad ocupacional.

- Problemas de alcoholismo, consumo de drogas, casos de violencia y depresión emocional.

- Exposición a pesticidas peligrosos sin tener la preparación adecuada para usarlos y protegerse de ellos.

- Carencia de los derechos laborales que protegen a otros trabajadores tales como: seguro médico, pago doble por horas extras de trabajo, la Ley del Derecho de Saber relativa a los pesticidas.

- Desconocimiento de sus derechos bajo las leyes existentes o de mecanismos disponibles para hacerlas valer.

Estos problemas han demostrado que la organización de los obreros agrícolas migrantes es una necesidad urgente para lograr resolver las dificultades a las que se enfrentan hoy día.

Capítulo 2

ORGANIZACIÓN LABORAL
DEL MOVIMIENTO

"A ver de que cuero salen más correas"

Apoyo de C.A.T.A.

La columna vertebral de apoyo organizacional a los trabajadores agrícolas de Kaolin desde 1993 a la fecha ha sido el Comité de Apoyo a los Trabajadores Agrícolas, conocido ampliamente por su acrónimo, C.A.T.A.

Oficinas de C.A.T.A. Cortesía de Leticia Roa Nixon

Fundado en 1979 por trabajadores agrícolas migratorios puertorriqueños que laboraban en las fincas del sur de Nueva Jersey, C.A.T.A. es una organización sin fines de lucro, basada en su membresía integrada por trabajadores agrícolas y gente de la comunidad, que de acuerdo a sus artículos constitutivos busca: proporcionar alivio a los trabajadores ayudándoles a satisfacer sus necesidades especiales, incluida una vivienda decente, cuidado médico, empleo y educación; educar al público y a los trabajadores acerca de los problemas que pueden encontrar los trabajadores agrícolas y defender los derechos humanos y civiles de los trabajadores.

El programa de C.A.T.A. se lleva a cabo en Nueva Jersey, Pensilvania, Carolina del Norte, Puerto Rico y México. Se basa en una metodología de educación popular a través de la cual los propios trabajadores identifican sus áreas de preocupación y entonces participan en la planeación de acciones o iniciativas educacionales para satisfacer sus necesidades.

La comunidad a la que sirve C.A.T.A. en Kennett Square es mayoritariamente la comunidad agrícola mexicana tanto inmigrante como migratoria.

Con el crecimiento de la comunidad de inmigrantes y su inserción en la comunidad en general, cambian las necesidades de ambas poblaciones. A través de un liderato fuerte en la comunidad mexicana, que esté consciente de sus opciones y de su habilidad para llevar a cabo esas decisiones, aumenta las posibilidades de satisfacer esa necesidad de manera constructiva y colectiva.la identificación y desarrollo de ese liderato es el principal enfoque de la organización C.A.T.A.

Los propósitos de C.A.T.A. están contenidos en su reglamento. Los tres componentes principales de la finalidad de esta organización es ayudar a los trabajadores agrícolas con los problemas que surgen en las fincas; ayudar a los trabajadores a obtener mejores condiciones de vida, por ejemplo salarios más altos, vivienda adecuada y servicios médicos; y ayudar a los trabajadores a organizar comités (llamados "concilios") en las fincas y comunidades para que los trabajadores alcancen sus objetivos.

Igualmente, C.A.T.A. ayuda a los trabajadores agrícolas en sus demandas y agravios relacionados a las condiciones laborales, incluidos los salarios. Así ha operado esta organización en el estado de Pensilvania.

Desde que Nelson Carrasquillo se convirtió en el director ejecutivo en 1992, C.A.T.A. ha ayudado continuamente a los trabajadores agrícolas a resolver sus agravios con el patrón mediante la convocación a una reunión con representantes de C.A.T.A., el trabajador agrícola y el patrón con el intento de resolver el problema.

Es contra la política de C.A.T.A. de que su personal se reúna únicamente con los granjeros directamente en vez de acompañar a los trabajadores agrícolas en las reuniones con los patrones.

La misión de C.A.T.A. es proporcionar el máximo de ayuda necesaria para que los trabajadores agrícolas alcancen sus objetivos en cuanto a empleo, incluyendo la formación de uniones laborales. Esto implica educar a lso trabajadores acerca de sus derechos y las opciones que se derivan de tales derechos.si los trabajadores desearan sindicalizarse y pidiesen la ayuda de esta organización, C.A.T.A. apoyaría sus actividades organizativas como es la coordinación y participación en líneas de piquete y otras actividades relativas a la huelga.

También el director ejecutivo de C.A.T.A. tiene la responsabilidad de contratar y despedir a personal, incluidos los organizadores. Se define a un organizador como un empleado que tiene contacto directo con los trabajadores agrícolas.

Asimismo, la organización cuenta con una Junta Directiva integrada por trabajadores agrícolas. Los miembros de C.AT.A. incluyen a personas que no son trabajadores agrícolas, pero que residen en la comunidad y que están interesados en ayudar a los trabajadores agrícolas.

La membresía de la organización es de 500 individuos que pagan su cuota.

Durante la disputa laboral de Kaolin Mushrooms Farms, Inc. en abril y mayo de 1993, ningún empleado de Kaolin era miembro de la Junta Directiva de C.A.T.A.

Ventura Gutiérrez,Gregory Albino, Wilfredo Ortiz Rivera, Carmen Jiménez, María Díaz y Nelson Carrasquillo eran los empleados de C.A.T.A. durante diversas etapas del movimiento sindical de los trabjadores de Kaolin.

Apoyo de la Unión sin Fronteras

La contratación del organizador Ventura Gutiérrez Méndez

**El organizador Ventura Gutiérrez Mendez y
huelguistas. Cortesía de Harvey Finkle**

Nelson Carrasquillo conoció a Ventura Gutiérrez en San Diego,
California en enero de 1993. Durante este encuentro inicial de tres días
hablaron sobre la evaluación de un candidato que el Sr. Gutiérrez iba a
recomendar para trabajar como empleado C.A.T.A. en Kennett Square,
Pensilvania.

Nelson Carrasquillo no sabía que Ventura Gutiérrez era un oficial
en un sindicato en California. El director de C.A.T.A. pensaba que el
Sr. Gutiérrez era "un director de un proyecto como el de C.A.T.A." Lo
que sabía Nelson Carrasquillo es que el organizador californiano había
participado en una serie de campañas organizativas para formar sindicatos
en las granjas de Arizona y California.

El director de C.A.T.A. no conocía detalladamente la experiencia de
Ventura Gutiérrez como organizador de sindicatos, pero consideró que
la experiencia que áquel tenía sería positiva en relación a empleo con
C.A.T.A.

Fue hasta febrero de 1993 cuando el Sr. Carrasquillo habló de empleo
con Ventura Gutiérrez durante una conversación telefónica cuando el

candidato entrevistado en enero de ese año no pudo venir a Pensilvania por motivos personales.

Nelson Carrasquillo contrató al líder californiano a nombre de C.A.T.A. tras la firma de un contrato de empleo. Los términos de dicho contrato eran por diecisiete semanas, desde el 15 de febrero al 11 de junio de 1993.

El contrato especificaba que el Sr. Gutiérrez debería cumplir con todos los criterios fijados por la Junta directiva de C.A.T.A., como lo establecen sus reglamentos.

En dicho contrato también se especificaba que de no cumplir con esos criterios, el contrato podía ser finiquitado antes del periodo de las 17 semanas.

El Sr. Gutiérrez fue contratado para formar un "concilio" de trabajadores agrícolas en Kennett Square. Bajo los reglamentos de C.A.T.A., un "concilio" se organiza donde C.A.T.A. tiene una presencia "para lidiar con la situación local".

En febrero de 1993, el Proyecto Organizativo Sin Fronteras asignó a Ventura Gutiérrez Méndez, coordinador de la oficina de Unión Sin Fronteras de Coachella, California y miembro fundador del Proyecto a organizar a los trabajadores de Kaolin en Kennett Square, Pensilvania.

El líder sindical californiano de origen mexicano firmó un contrato por seis meses con C.A.T.A. para organizar a los trabajadores de Kaolin. Durante ese periodo, Ventura Gutiérrez fue el encargado principal de estallar la Huelga del Primero de Abril de 1993 y encabezar los esfuerzos para lograr la votación por la Unión que se celebró el 27 de mayo de ese mismo año.

¿Quién es Ventura Gutiérrez Méndez? Cortesía
del periódico El Hispano de Filadelfia

El organizador de la huelga nació el 16 de diciembre de 1948 en Puruándiro, Michoacán, México y a los dos años su familia se mudó al Valle de Coachella en California (al norte de Mexicali), en donde cursó sus estudios de primaria, secundaria y preparatoria; prestó su servicio militar en los Estados Unidos y finalmente, en el año de 1976, terminó sus estudios universitarios en el área de ciencias sociales, recibiendo su título de la Universidad de California en Riverside.

Ventura Gutiérrez Méndez es maestro bilingüe certificado y estaba por terminar su maestría en educación.

Regresó a Coachella para ejercer como maestro de primaria hasta el año de 1983. En ese año es elegido vicepresidente de la junta escolar de Coachella.

En 1988 inicia sus actividades con la "Unión de Trabajadores Agrícolas Fronterizos". Esta Unión tiene convenios colectivos con compañías privadas en la parte norte del condado de San Diego, donde el 85% de los miembros son mixtecos.

En el Valle de Coachella representó a los trabajadores agrícolas con convenios con una tercera parte de las empacadoras de dátil. Esta área genera el 95% de la producción de dátil en el hemisferio occidental.

En Yuma tiene convenios sobre la producción de cítricos con la compañía Dole Food Corporation. Asimismo, tiene convenios relacionados con la producción de chile en Las Cruces y El Paso, donde del 99% de los trabajadores son mexicanos.

Trabajo de Ventura Gutiérrez en Kennett Square

"Sacar los trapitos al sol"

A partir del 15 de febrero de 1993, a través del proyecto "Organización Sin Fronteras", con sede en El Paso, Tejas, Ventura Gutiérrez trabajó con C.A.T.A. en el área de Kennett Square, Pensilvania, para dar apoyo a los trabajadores de la zona y principalmente a los de las champiñoneras con el fin de sindicalizarlos.

De inmediato, el organizador sindical se convirtió en el blanco de ataque de Michael Pia quien a través de varias entrevistas concedidas a la prensa angloamericana manifestó que la prosperidad y magnitud de su compañía la hicieron el objetivo de los esfuerzos organizativos en la región (*Daily Local News* April 18, 1993).

"Tenemos muchos trabajadores y hay poder en el tamaño de nuestra compañía. Gutiérrez tenía un contrato de seis meses con C.A.T.A. (Farmworkers Support Committee) y tenía que encontrar una compañía grande" (*Kennett Paper* April 22, 1993).

Según Michael Pia, la huelga de Kaolin ocurrió debido a tres razones: los trabajadores no lograron entender la necesidad de un recorte en el pago a cambio de beneficios de tiempo y medio de jornada; agitadores de afuera tuvieron éxito en "llenarles la cabeza con ideas erróneas" (*Philadelphia Inquirer* April 18, 1993).

A su vez, Ventura Gutiérrez en el artículo del diario *Philadelphia Inquirer* del 18 de abril de 1993 afirma que "la actitud del dueño hacia los trabajadores es verlos como partes de una maquinaria y no como seres humanos, no como iguales. Pero van a regresar al trabajo como seres humanos con orgullo y dignidad. Lo importante no es que ganen $6 ó $7 por hora sino que tengan derechos y de que sean respetados".

Apoyo de Amigos de Trabajadores Agrícolas, Inc.

De acuerdo a Nelson Carrasquillo, director ejecutivo del Comité de Apoyo a los Trabajadores Agrícolas (C.A.T.A.) fue hasta la madrugada del primero de abril cuando por voluntad propia, los trabajadores de la planta de Kaolin que iban a suspender las labores decidieron solicitar el apoyo legal de Friends of Farmworkers (Apoyo de Amigos de Trabajadores Agrícolas, Inc.)

El abogado Bill Potts-Suárez, miembro del servicio legal a trabajadores agrícolas, y Ventura Gutiérrez estaban afuera de la planta esperando la decisión de los huelguistas.

A partir de ese momento, los abogados de Friends of Farmworkers se convirtieron en los representantes legales de los trabajadores en paro. Arthur N. Read fue quien se responsabilizó de la representación en todas las instancias legales desde el inicio del proceso hasta la fecha.

Friends of Farmworkers, Inc. (Amigos de Trabajadores Agrícolas, Inc.) es una agencia de servicios legales con abogados y asistentes legales que les proporciona gratis a los trabajadores agrícolas en Pensilvania ciertos servicios legales, como: representación legal; consulta y consejo; educación sobre sus derechos legales.

"Existimos principalmente para ayudarle con problemas legales relacionados a su empleo como trabajador agrícola, como: el sueldo mínimo; horas de trabajo; deducciones; los capataces (contratistas) y el reclutamiento; la vivienda proporcionada en conexión con el trabajo; la salud y la seguridad en el trabajo (incluye los pesticidas); la compensación de daños incurridos en el trabajo; la discriminación basada en la raza, sexo o nacionalidad; otras quejas relacionadas con las condiciones del empleo".

Este programa de servicios legales se estableció en 1975 para proporcionar ayuda a los trabajadores agrícolas pobres y a los trabajadores temporaleros. La organización ha proporcionado representación a miles de trabajadores agrícolas a nivel individual y a trabajadores de la cosecha del champiñón en Pensilvania.

Aproximadamente 49 mil 500 trabajadores migratorios y temporeros residen en el estado de Pensilvania, casi en su totalidad son pobres o gente de color.

Son objeto de un extenso abuso relacionado al lugar de empleo, incluyendo: violaciones al salario mínimo; vivienda por debajo del nivel establecido en las unidades habitacionales en el lugar de trabajo; robo de contribuciones de seguro social; exposición a sustancias químicas peligrosas; violaciones a los derechos bajo los estatutos federales y estatales de protección al trabajador agrícola; amenazas, intimidación y, en algunos casos, un directo maltrato físico por parte de jefes de cuadrillas.

Prioridades del Programa

- Salario Mínimo y problemas de pago salarial, incluidas protecciones en contra de deducciones salariales excesivas y abusivas.
- Violaciones a los derechos a los trabajadores agrícolas y a los trabajadores de la cosecha de champiñón bajo los estatutos de protección a nivel federal y estatal como es la Ley de Protección Federal a los Trabajadores Migratorios y Temporaleros de 1983 y la Ley de Pensilvania de Trabajo Agrícola de Temporada.
- Los problemas de vivienda de inferior nivel a lo establecido que se le da a los grupos de trabajadores agrícolas. Incluida la vivienda que los patrones y contratistas de trabajadores agrícolas.
- Remediar la discriminación o represalias contra los trabajadores por ejercer sus derechos legales, incluidos sus derechos para presentar demandas acerca de las condiciones laborales o de vivienda.
- Reforzamiento de leyes estatales y federales para la protección de la seguridad en el lugar de trabajo y en las unidades habitacionales.
- Protección de trabajadores agrícolas y de la cosecha de champiñón contra condiciones de trabajo peligrosas o insalubres incluida la exposición a pesticidas y a otras sustancias químicas.

- El establecimiento de derechos de elegibilidad de seguro social, cupones de alimentos y compensación por desempleo para trabajadores agrícolas. También ayudar a asegurar el acceso al Seguro de Compensación a Trabajadores.
- Representación de trabajadores agrícolas y trabajadores de la cosecha del champiñón para enfrentar problemas de discriminación en el lugar de empleo basado en la raza, sexo o nacionalidad.
- Proporcionar representación legal a trabajadores agrícolas o trabajadores de la cosecha del champiñón vulnerables a la explotación debido a su estado legal migratorio.
- Proporcionar educación legal comunitaria a los trabajadores agrícolas y a los trabajadores de la cosecha del champiñón acerca de asuntos relacionados a sus derechos legales.

Datos Demográficos

Los principales núcleos poblacionales que atiende esta organización son:

- 5,000 a 7,000 trabajadores agrícolas afroamericanos, latinos, haitianos y jamaiquinos en el área centro-sur de Pensilvania.
- 1,200 a 1,500 trabajadores agrícolas afroamericanos, latinos y haitianos en el nordeste de Pensilvania.
- 4,000 trabajadores de la cosecha del champiñón latinos en el Condado de Chester.
- 2,500 trabajadores de la cosecha del champiñón latinos en el Condado de Berks.

Además, la organización ha proporcionado representación a otras poblaciones de trabajadores agrícolas incluidos 5,000 a 7,500 trabajadores de acarreo diario afroamericanos, latinos y asiáticos (principalmente del sudeste de Asia) quienes residen en el área de Filadelfia y trabajan en los condados cercanos en Pensilvania y en Nueva Jersey.

Friends of Farmworkers también ha proporcionado ayuda limitada a trabajadores agrícolas en otros condados.

En 1993, a oficina central del programa se localizaba en Filadelfia y también había otra oficina en Avondale (en el Condado de Chester).

Scanned by CamScanner

**Abogado Arthur N. Read de Friends of Farmworkers,
1993. Cortesía de Leticia Roa Nixon**

El abogado Arthur N. Read ha sido el consejero legal general Amigos
de los Trabajadores Agrícolas, Inc. desde 1982. Se graduó de la Universidad
de Pensilvania en 1972 y de la facultad de Derecho de la Universidad de
Nueva York en 1976.Con frecuencia da conferencias y es autor de derechos
humanos.

Es muy conocido por su representación legal de los trabajadores. En Vlasic Farms, Inc. Vs. La Junta de Relaciones Laborales de Pensilvania (2001) ganó el derecho de los trabajadores de la industria del champiñón de Pensilvania para que se organizaran. Los acuerdos de negociaciones colectivas para la Unión de Trabajadores de Kaolin son los únicos contratos de ese tipo en la industria del champiñón. Sus litigios bajo la Ley de Relaciones con los Trabajadores Agrícolas Temporeros han resultado en un mandato judicial que ha servido como un modelo para cumplimiento.

El abogado Read también ha sido defensor para aquellas personas con dominio limitado de inglés, siendo incluso parte de del Comité de la Suprema Corte de Pensilvania respecto al Prejuicio Racial y de Género el cual contribuyó a la promulgación de una ley obligatoria de contratar intérpretes jurídicos certificados.

Capítulo 3

LA HUELGA DEL PRIMERO DE ABRIL DE 1993

"Tanto fue el cántaro al agua hasta que se quebró"

"Somos 200 trabajadores del champiñón mexicanos y puertorriqueños que dejamos nuestros hogares y viajamos 2,500 millas en busca de trabajo en un país extranjero y donde no somos bien recibidos. Nosotros nos arriesgamos a hacer trabajos que ningún otro trabajador en este país hace para así poder mantener a nuestras familias en nuestra patria.

Michael Pia, presidente de Kaolin, unilateralmente redujo el salario por hora en la empacadora de $5.00 a $4.50 la hora. Los recolectores del champiñón trabajan por ajuste. Su salario depende de los canastos de champiñones que recojan. El patrón aumentó la cantidad de champiñones en los canastos en un 50% sin compensación extra para los recolectores; un ejemplo clásico de acelerar el trabajo de estos obreros.

Demandamos el que se nos otorguen los mismos salarios y beneficios que poseen todos los trabajadores bajo contrato con la Compañía Moonlight en Butler, Pensilvania.

La intimidación y la falta de respeto hacia los trabajadores es una práctica común en Kaolin. Eso tiene que acabarse.

El trabajo agrícola es el más peligroso de todos los trabajos en este país, sin embargo, el trabajador agrícola no cuenta con un plan médico que responda a nuestras necesidades".

Unión de Trabajadores de Kaolin

"Los granjeros ya le estaban buscando ruido al chicharrón"

Martha González, en su tesis titulada "The Kaolin Workers' Strike:Discourses of Necesidades", 25 de abril de 1994, dice que por ironía,

41

la suspensión de labores del primero de abril de 1993 ocurrió en la planta de Kaolin donde se llevó la última operación de cultivo de champiñones con una fuerza laboral sindicalizada en el Condado de Chester.

De acuerdo a la prensa, el estado de Pensilvania no había tenido una unión de trabajadores agrícolas del champiñón en esta parte del estado desde 1960" *(Philadelphia Inquirer* 9 de abril de 1993).

Dotti Wilson,una representante del Local 1034 del Retail WholesaleDepartment Store Union (RWDSU), entrevistada por Martha González el 19 de marzo de 1994, explicó que el dueño original de las actuales instalaciones de Kaolin era la familia J.B. Swayne.

Dicha familia administraba las operaciones de pizca y empaque similares a las que hoy día manejan los Pia, pero con la diferencia de que la fuerza laboral en esa época consistía de hombres pobres: blancos del sur, afroamericanos y puertorriqueños. De acuerdo con la señora Wilson, la Unión ya tenía contrato con una compañía ubicada en West Chester conocida como Grocery Store Products que le compró el negocio a la familia Swayne en 1960.

Aunque los Swayne vendieron su operadora de pizca y empaque, conservaron la producción de esporas que continúa siendo muy exitosa hasta la fecha. Swayne Spawn tiene reputación de ser la mejor de la región y es una de las favoritas de la mayoría de los cultivadores del champiñón.
Los trabajadores de la casa empacadora del antiguo Swayne Mushroom Farm se encontraron representados por el Local 1034 una vez que Grocery Store Products completó la adquisición.

Cabe mencionar aquí que los Swayne eran una familia de cuáqueros y miembros de la aristocracia provinciana de Kennett Square *(Philadelphia Inquirer* 1o. de mayo de 1993) que fundaron la próspera industria del champiñón en Pensilvania. A fines de siglo su fuerza laboral consistía de inmigrantes italianos como John Pia Sr. quien con el tiempo aprovechó las prácticas de cultivar como aparcero para establecerse como cultivador en la industria.

Entonces blancos pobres del sur, afroamericanos y puertorriqueños fueron reclutados para reemplazar a la fuerza de trabajo italiana solamente para ser sustituidos, a su vez, por la fuerza laboral mexicana en los 70s y 80s.

Según el estudio de Robert C. Smith, "El reemplazo de los trabajadores puertorriqueños por mexicanos", en los últimos 25 años ha venido con grandes cambios en la organización del trabajo y el mercado laboral. La organización pasó de un sistema brutal de jefes de cuadrillas agrícolas, con gran control coercivo, a una forma que se asemeja al sistema de capataz en la organización del trabajo industrial".

Cuando cientos de pequeños cultivadores cuáqueros cerraron sus negocios a mediados de 1970, los cultivadores afluentes italianos como los Pias lograron expandir sus operaciones y dominar el mercado de champiñón fresco (*Daily Local News* 18 de abril de 1993). Conviene recordar que durante mediados de los 70s y principios de los 80s, la industria del champiñón pasó por años difíciles. Fue el tiempo cuando las familias de cultivadores pequeños cerraron sus negocios a causa de la importación de champiñón (*Daily News* 18 de abril de 1993).

Robert C. Smith en su presentación titulada "The Social Structure of Accumulation, Immigration Pathways and IRCA: The Construction of Labor Markets in the Pennsylvania Mushroom Industry, 1969-1989", precisa que los cultivadores de champiñones en 1989 apropiadamente describen los últimos 20 años en el negocios como un tipo de Darwinismo social. Un cultivador dijo, "únicamente los mejores cultivadores han sobrevivido".

La industria del champiñón en Pensilvania ha pasado por tres crisis principales, cada una seguida por una disminución signifcativa en el número de cultivadores pequeños y un aumento en la concentración de capital. Estos cambios han correspondido al advenimiento de la competencia internacional en el mercado del procesado del champiñón a fines de los 60s; cambios estructurales en el mercado nacional de champiñón frcsco en los 70s y la adaptación a estos cambios estructurales, así como a las presiones que surgen de la rápida urbanización en los 80s.

Precisamente la década de los 80s presentó más dificultades para aquellos cultivadores incapaces de adaptarse, pero al mismo tiempo ofreció ventajas a los que tendieron a la adaptación.

Una serie de factores como el aumento del costo de los terrenos; la construcción de vivienda de alto ingreso, el aumento de los reglamentos de las instancias locales, estatales y federales que incrementaron el costo financiero de la producción de champiñones, entre otros, causaron que muchos cosechadores antiguos se retiraran de la industria. Algunos aceptaron las generosas ofertas de los urbanizadores en un mercado de terrenos apreciativo, algunos rentaron o vendieron sus "dobles" a otras compañías. Entre 1982 y 1986, 166 de los cultivadores de champiñón en el Condado de Chester cerraron su negocio.

Así que cuando los Pias adquirieron la instalación a Grocery Store Products en 1982, compraron edificios vacíos que estaban en un proceso de amplia renovación.

Sin embargo, la historia de Kaolin es única en su género en el sentido de que en la sola operación de cultivo, se haya utilizado fuerza laboral perteneciente a una Unión en el Condado de Chester.

Según un artículo del periódico *Daily Local News* con fecha del 20 de abril de 1993, los únicos pizcadores de champiñón en el país actualmente sindicalizados y que trabajaban bajo un contrato laboral eran los de la compañía Moonlight Mushroom en Butler, Pensilvania. Esa compañía tenia una fuerza laboral predominantemente blanca con un total de 400 trabajadores en aquel entonces representados por United Steelworkers Union.

EL CORRIDO DE LA HUELGA DE KAOLIN

Música del corrido de Rosita
Alvirez
Letra: Aurora Camacho de
Schmidt

muy lejos de nuestra tierra
muy lejos de nuestra tierra
cansados de tanto abuso
nos declaramos en huelga
nos declaramos en huelga

Año del noventa y tres

Unos pizcamos los hongos

y otros los empacamos
y somos puertorriqueños
y otros somos mexicanos,
y otros somos mexicanos.

Somos hombres y mujeres

unidos en la labor
Kaolín se llama la empresa
y Miguel Pía el patrón
y Miguel Pía el patrón.

La empresa nos paga poco
y no tenemos vivienda
no hay seguro de salud
para cuando uno se enferma
para cuando uno se enferma.

Tan lejos de la familia
tan solos en tierra ajena
se nos acaba la vida
trabajando pa' la empresa
trabajando pa' la empresa.

Tuvimos que hablar con
CATA
el comité campesino
y para darnos ayuda
llegó Nelson Carrasquillo
llegó Nelson Carrasquillo.

Llegó Ventura Gutiérrez
un buen organizador,
y a saber nuestros derechos
Ventura nos enseñó,
Ventura nos enseñó.

Y así nos organizamos

y hablamos con Miguel Pía
pero él no quiso escucharnos
ni mejorar nuestra vida.

Jueves primero de abril
nos declaramos en huelga,
todos los trabajadores
que éramos ciento cuarenta
que éramos ciento cuarenta.
La cosa se puso dura
llegaron los esquiroles
pero seguimos en firme
aunque comamos frijoles
aunque comamos frijoles.

Luego arrestaron a diez
ahí en frente de la planta
no es mentira pues lo vio
la misma que esto les canta
la misma que esto les canta.

Ya no les tenemos miedo,
siempre con la misma historia.
Seguimos en esta lucha
hasta alcanzar la victoria,
hasta alcanzar la victoria.

El triunfo ya está muy cerca
no se rajen compañeros.
La empresa no va a aguantar,
le hacen falta sus obreros,
le hacen falta sus obreros.

No lo hacemos por nosotros
lo hacemos por nuestros hijos
porque ellos tienen derecho a
ser ciudadanos dignos,
a ser ciudadanos dignos.

**Cortesía de Aurora Camacho
de Schmidt**

Inicio del descontento que llevó a la huelga

"La gota que derramó el vaso"

Luz Delia Rodríguez. Cortesía de C.AT.A.

En febrero de 1993, la puertorriqueña Luz Delia Rodríguez, trabajadora de la empacadora Kaolin fue a pedir ayuda a las oficinas del Comité de Apoyo de Trabajadores Agrícolas (C.A.T.A) de Kennett Square.

"Cuando comencé a trabajar en Kaolin, no me podía acostumbrar a la manera en que se esperaba que los trabajadores llevaran a cabo sus labores. Normalmente empezábamos a trabajar a las 7:00 a.m. y salíamos del trabajo tan tarde como las 9:00 p.m. durante la temporada pesada cuando había muchos champiñones que empacar.

Nunca nos daban pago adicional por el tiempo extra y los patrones querían que hiciéramos aprisa nuestro trabajo. Nunca había recibido un trato como el que nos daban.

Un día el patrón, Cristóbal, nos llamó a una junta (en febrero de 1993) para explicarnos que nuestro salario había sido reducido de $5.00 a $4.50 por hora. Me dije a mí misma, '¡Esto no puede ser posible!' Hablé con mis compañeros de trabajo al día siguiente y me enteré que también estaban molestos acerca de esto. Así que varios trabajadores fueron hablar con el patrón, Cristóbal para decirle que no estaban de acuerdo con la reducción del pago. Dijo él [Cristóbal] que el patrón, el Sr. Pia, podía hacer lo que quisiera... y como era el dueño podía dar aumento o hacer cortes cada vez que quisiera. En ese momento yo dije --'No. Las cosas no tienen qué ser así'. Es entonces cuando hablé con otros trabajadores y les dije, 'Si ustedes me ayudan yo les ayudo. Yo tengo el número telefónico de la gente que nos puede ayudar, pero ustedes no pueden dejarme sola en esto.' La mayoría de ellos dijeron que sí y fue cuando llamé a C.A.T.A. para pedir ayuda".

Las condiciones de trabajo impuestas por Michael Pia, el co-dueño de la compañía, en marzo de 1993 cada vez eran peores.A los pizcadores les pagaba $1.10 por canasta de 10 libras de champiñón. Pia ofreció $1.15, es decir cinco centavos de aumento, pero a cambio exigía que se llenara más la canasta y que además los pizcadores limpiaran las camas de los champiñones.

Esto significaba más trabajo por menos dinero a final de cuentas.

La situación de los empacadores era similar; aparentemente les ofrecieron $5.00 en vez de $4.50 por hora. Sin embargo, el tiempo extra que se les pagaría era equivalente a tiempo y medio. Nadie hubiera ganado dicha cantidad puesto que pocos trabajadores completarían 40 horas de trabajo y además no era justo, pues deberían recibir el doble.

Esta era una clara violación de los derechos ganados anteriormente, pues algunos trabajadores ya ganaban un promedio de $7.00 la hora.

"La chispa que hizo estallar la huelga"

En palabras de los propios trabajadores la situación había llegado a su punto máximo.

"Ya estábamos cansados del maltrato que éramos objeto por parte de los capataces mexicanos y puertorriqueños, quienes nos amenzaban con botarnos si nos quejábamos. Nos decían 'si no te gusta el trabajo puedes irte.'

Eramos discriminados, no teníamos ningún tipo de atención. Si un americano se enfermaba, a él si lo atendían, pero si éramos uno de nosotros el que se caía, se cortaba o se sentía mal con las espaldas quebradas de dolor por el tipo de trabajo que durante muchas horas realizamos, doblados sobre las camas pizcando, para nosotros, no había ningún tipo de atención.

Frente a estos hechos y ante los cuales no fuimos engañados, nos reunimos por gangas con Pia, pero no logramos que las condiciones que ofrecieron mejoraran.

Entonces alrededor de 200 trabajadores agrícolas, pizcadores y empacadores de Kaolin Mushrooms, la quinta compañía más grande productora de hongos en los Estados Unidos decidimos realizar una huelga porque Michael Pia no respondió a la promesa hecha".

Folleto de C.A.T.A.

Nelson Carrasquillo, el director del Comité de Apoyo a los Trabajadores Agrícolas (C.A.T.A.) se enteró del descontento laboral de Kaolin a fines de febrero de 1993 en California, donde se encontraba del 19 de febrero de 1993 hasta el 9 de marzo de 1993.

En tanto, el co-dueño de Kaolin, Michael Pia asistió a una reunión con empacadores de su empresa a fines de febrero o principios de marzo. De acuerdo al Sr. Pia, la reunión se llevó a cabo el 3 o el 4 de marzo de 1993.

En ese entonces, Kaolin estaba conciente de que el líder sindical Ventura Gutiérrez había ido a la cafetería de Kaolin para hablar con algunos empacadores de champiñón. Durante esa reunión, alguien le informó que varios pizcadores de la planta de Kennett tenían preocupaciones relacionadas con su empleo.

A principios de marzo de de ese año, Michael Pia le pidió a uno o más de sus supervisores que las 8 "gangas" de pizca de la planta de Kaolin seleccionaran representantes para reunirse con él para hablar de sus inquietudes laborales.

A través de sus supervisores, la empresa Kaolin y el Sr. Pia concertaron una reunión el 5 de marzo con dos representantes de las cuadrillas de pizcadores, también conocidas como "gangas", del turno matutino Los representantes de las "gangas" de pizcadores del turno nocturno no participaron en esta reunión.

Igualmente, alrededor del 5 de marzo Michael Pia se enteró que Ventura Gutiérrez se había reunido con algunos pizcadores.

La reunión del 5 de marzo fue convocada por Kaolin en parte porque tenían conocimiento de las preocupaciones en torno al empleo que tenían varios pizcadores en la División de Kennett de la empresa Kaolin Mushroom Farms.

La gerencia de Kaolin deseaba tener representantes de los trabajadores que no tuvieran miedo de expresar sus inquietudes, así que los supervisores de Kaolin se acercaron a ciertos trabajadores y les pidieron que fueran los representantes de su respectiva cuadrilla.

Entre los representantes estaba Luis Tlaseca quien ya había fungido como representante en reuniones similares con anterioridad. De hecho, Kaolin había organizado reuniones a principios de los 80s cuando la gerencia deseaba que se abordaran sus inquietudes o con el fin de proveer un foro para que los trabajadores externaran sus preocupaciones acerca de los tópicos de su interés.

Kaolin no estableció mecanismos para que los empleados decidieran si había disputas que necesitaban ser resueltas.

Tales reuniones no se fijaban con regularidad, sino que se llevaban a cabo de acuerdo a la necesidad de convocar a reunión. Algunas veces las reuniones se realizaban antes de las horas de trabajo, durante el trabajo o después de la jornada laboral.

La empresa Kaolin estableció una tarifa de pago para tales reuniones, por una parte con el fin de alentar a los trabajadores a participar y, por otra, poque no había un tasa por hora ya que los pizcadores recibían pago por pieza y no por hora.

Las reuniones de 1993

Michael Pia organizó una reunión con dos representantes de cada "ganga" de pizcadores del turno matutino de la planta de Kennett el 5 de marzo.

Los otros participantes en la reunión fueron Mayra May y Kristen Gotwals de la oficina de personal; Frank Wagoner, gerente de cosechas y Rafael Ramos (ombudsman).

Mayra May sirvió de intérprete en la reunión con participación de Rafael Ramos en la interpretación.

Los temas que se discutieron en esta reunión incluyeron las preocupaciones de los trabajadores con los supervisores mexicanos y la cantidad de champiñones requerida para pizcar en las canastas.

Esta preocupación se basaba en el aumento de la cantidad de champiñones requerida que exigían los supervisores. En enero, febrero y marzo de 1993 los supervisores habían fijado su atención cada vez más en la cantidad de champiñones pizcados en la canasta. El peso promedio semanal de las canastas de champiñones de "10 libras" había aumentado a 11 libras por canasta para marzo de 1993.

Antes del 20 de enero de 1993 las tasas salariales notificadas a los trabajadores de Kaolin eran de $1.10 por cada canasta de 10 libras.
Los trabajadores se había quejado de que Kaolin no les pagaba dicha cantidad y le pedían a los trabajadores que pizcaran más de 10 libras por canasta.

Durante la reunión del 5 de marzo de 1993, los representantes manifestaron más de 20 cuestiones que les preocupaban. Entre los asuntos abordados por los empleados de Kaolin en la reunión con los representantes de las "gangas" de pizcadores estaban:

1) quejas de los trabajadores de no recibir una compensación monetaria por separado por limpiar las camas de los champiñones que contenían champiñones no cosechables antes y después de pizcar los champiñones, es decir no ser pagados por el trabajo de "limpiezas";
2) heridas en el trabajo y problemas de tratamiento médico con la cobertura de seguro de compensación a trabajadores;
3) problemas de suspensiones y disciplinas por parte de supervisores de la compañía;
4) problemas relacionados con el impacto de trabajo realizado por la cuadrilla de trabajo nocturno en la labor de la cuadrilla matutina, incluida la necesidad de realizar trabajo de limpieza sin compensación debido al trabajo deficiente de la cuadrilla nocturna; y
5) la necesidad de aumentar los salarios y proveer prestaciones de seguro médico.

Michael Pia les dijo a los representantes que necesitaba tiempo para considerar las peticiones de los trabajadores respecto al aumento salarial y el seguro médico y que les daría una respuesta.

Durante esta reunión no se habló de un sindicato o de Ventura Gutiérrez. Al final de la reunión con los representantes, el Sr. Pia les dijo que quería reuniones con las "gangas" de pizcadores para que todos tuvieran una oportunidad de expresar sus inquietudes laborales.

En la reunión del 5 de marzo participaron 16 representantes de "gangas": Baltazar Avila López, Luis Tlaseca Flores, Mario Vasquez López, José Manuel Guzmán Hernández, Esteban Martínez, Efraín García Hernández, Juvenal Zavala Romero, Miguel Zavala Zamudio, Daniel López León, Carlos Alvarez Mundo, José Rodríguez, Javier Villagómez López, José Carmen Nuñez y Cruz Lara y dos representantes más que no han sido sustancialmente identificados.

Tras esta reunión, Michael Pia se reunió con Frank Wagoner y los supervisores de las cuadrillas de pizcadores de Kennett Square. El Sr. Pia le mencionó al Sr. Wagoner y a los supervisores acerca de las cuestiones discutidas.

Aproximadamente entre el 8 y 9 de marzo o el 9 y 10 de marzo, Michael Pia convocó a reuniones con miembros de cuadrillas de las "gangas" de pizcadores de Kennett. Marya May asistió a la reunión en calidad de intérprete. El récord no esta claro si Rafael Ramos estuvo presente durante las reuniones de la semana del 8 de marzo. Después de esa ocasión, el Sr. Ramos no sirvió de intérprete a raíz de las quejas de los miembros de las cuadrillas a Michael Pia debidas a su interpretación. También los trabajadores vocalizaron su desconfianza en torno al Sr. Ramos.

Para ese tiempo Ventura Gutiérrez había distribuido un volante con comentarios menospreciativos acerca de Rafael Ramos, en el que le llamaban "La Garrapata".

Durante las reuniones con las cuadrillas individualmente los trabajadores expresaron básicamente las mismas preocupaciones que las de los representantes en la reunión del 5 de marzo. Sin embargo, durante esta reunión un trabajador preguntó acerca de cómo obtener información sobre los sindicatos.

En la reunión con cuadrillas individuales durante la segunda semana de marzo de 1993, Michael Pia habló acerca del porqué los trabajadores no deberían querer un sindicato en Kaolin.

Mayra May, hablando a nombre de Kaolin, dijo que ella había participado previamente en un sindicato y que su experiencia no fue favorable. Ella afirmó que lo único que quería un sindicato es el dinero de los trabajadores.

Por su parte, el trabajador Guadalupe Flores Martínez habló sobre su experiencia positiva como miembro de un sindicato en California. También indicó que si la empresa cumpliera con las condiciones de trabajo que pedían los trabajadores no sería necesario un sindicato en Kaolin.

Ya para este entonces Michael Pia sabía la identidad de Ventura Gutiérrez quien repartía volantes atacando las prácticas administrativas de Rafael Ramos. El Sr. Pia ya había llamado a la policía para que sacaran al organizador de la propiedad de la planta de Kaolin.

A su vez, Michael Pia distribuyó un volante el 9 de marzo donde decía entre otras cosas:
--Que el proósito principal de COTA no es el de obtener mejores condiciones para los trabajadores, sino realmente que mantengan su negocio--que es el Sindicato.

--Que para lograr su propósito, COTA hace muchas promesas y dice cosas horribles acerca de nuestra compañía para tratar de convencerles de que somos gente mala, y que ustedes deben escucharlos a ellos en vez de a nosotros.

--Que el trabajo de COTA es hacer que ustedes desconfíen de la compañía, diciéndoles que las condiciones de trabajo son malas, lo crean o no.

--Que ¡COTA es un mal negocio! A pesar de sus promesas, COTA nunca ha representado a un solo trabajador agrícola en la industria del champiñón y su única representación en conexión con una finca en Nueva Jersey, llamada Sunny Slopes, y dejó una mala reputación. Cuando COTA organizó una huelga ahí, los trabajadores fueron reemplazados permanentemente, perdieron sus trabajos y nunca más regresaron a sus trabajos. Treinta y siete empleados perdieron sus ingresos con Sunny Slopes.

--Que COTA alega que ustedes tienen una lista de demandas, lo que no es cierto, después de haber hablado con ustedes.

--Que COTA se refiere no son realmente demandas, pero están usando esto para vender sus promesas y ganar su apoyo.

--Que COTA ponga por escrito que puede garantizarles salarios más alto y mejores prestaciones.La única persona que puede hacer promesas y garantías soy yo. Y yo les garantizo que yo me opondré en una forma legítima a que cualquier grupo como COTA que interfiera con nosotros.

--Que COTA también atacó a Rafael Ramos.
Rafael ha trabajado con nosotros durante muchos años y conoce bien a muchos de nosotros. Estoy seguro que a través de los años él ha discutido mucho de sus problemas y preocupaciones.La razón por la que COTA está atacando a Rafael es porque él nos ha ayudado a tener una relación más cercana haciendo imposible para el sindicato reclamar la lealtad de ustedes.

--Que COTA necesita crear desconfianza e insatisfacción entre ustedes y la compañía para que ellos puedan triunfar. El trabajo de Rafael es acercanos unos a otros. La próxima vea que un miembro de COTA mencione a Rafael, pregúntenle que les diga específicamente cómo Rafael les ha causado daño. Y la próxima vez que uno de ellos mencione algo sobre el salario de Rafael, pregúntenle a COTA si ellos no les pagan dinero a sus empleados para convencer a los trabajadores agrícolas de que se unan al sindicato. Si dicen que eso no es cierto, díganles que lo pongan por escrito.

--Que COTA hará todo lo posible para que ustedes firmen una carta o una tarjeta que indica que ustedes quieren que ellos representen en contra de nuestra compañía; y ustedes saben que si firman ese papel, les puede obligar a pagar sus cuotas, multas, cuotas de iniciación y seguir ciertas reglas. Recuerden que no tienen que firmar ningún papel para ellos sólo porque ellos se lo piden.

--Que COTA, no es la respuesta, somos nosotros trabajando juntos. Yo soy el que fielmente les paga su salario semanal y sinceramente considero sus intereses. No dejen que las falsas promesas de una organización no afiliada a nosotros y que nunca ha representado a un trabajador del champiñón los distraiga a ustedes y a nosotros de hacer un mejor trabajo juntos.

El consejero legal de Kaolin, Robert Haas, también envió una carta fechada el 8 de marzo de 1993, al abogado Arthur Read, quien había representado previamente a C.A.T.A. para alertarle que cualquier traspaso de "COTA o de cualquiera de sus representantes" o si cualquier intento de COTA o sus representantes para organizar actividades en la propiedad de Kaolin no iban a ser toleradas.

Michael Pia sabía para estas fechas que COTA había participado en campañas organizacionales de sindicatos previamente en la industria del champiñón.

En respuesta al volante que distribuyó el Sr. Pia, el líder Gutiérrez distribuyó a su vez un volante a los pizcadores de Kaolin de Kennett Square donde negaba cualquier afiliación con COTA, pero reclamaba una afiliación con otra organización, la Unión de Trabajadores del Empaque.

De 1993, Michael Pia escrbió una carta a sus empleados donde dice el propósito primario de C.A.T.A. no es que los pizcadores tuvieran mejores condiciones de trabajo sino que apoyaran el negocio de ésta que es la Unión. Y que están tratando de convencer a los empleados de que la compañía que los dueños son personas malas. También la carta hacía referencia a que C.A.T.A. había violado la ley estatal de traspaso del estado al haber entrado en la compañìa sin periso previo. Hizo referencia también a que C.A.T.A. organizó una huelga en la granja Sunny Slopes en Nueva Jersey y que 37 trabajadores de esa granja fueron reemplazados permanentemente, perdiendo así su trabajo y no regresaron a sus empleos. Finalmente la carta mencionaba que si se pedían salarios más altos. Mejores beneficios que C.A.T.A. lo pusiera por escrito.

Michael Pia decía que él era el que les pagaba fielmente sus salario semanal y que consideraba sinceramente sus intereses. Los exhortó a que no permitiran que las falsas promersas de una organización no afiliada los distrajera a ellos ni a los dueñoas de hacer un mejor trabajo juntos.

A mediados de marzo de 1993, los representantes de Kaolin Mushroom Farms, Inc. vieron a Luis Tlaseca aceptar un volante que le dio Ventura Gutiérrez en frente de la compañía.

Al día siguiente de esta reunión Víctor Nazario, supervisor de Kaolin, le advirtió a Luis Tlaseca que los "jefes grandes" lo habían visto hablar con el Sr. Gutiérrez y que debería tener cuidado en su trabajo Luis Tlaseca había abogado verbalmente por las demandas de los pizcadores durante las reuniones con la gerencia en febrero y marzo de 1993.

Tres o siete días después de esta conversación con Vícor Nazario, el día de la rifa de un carro en Kaolin, el gerente de cosecha Frank Wagoner se le acercó a Luis Tlaseca y platicó durante horas con el trabajador. Durante este tiempo, el Sr. Wagoner le urgió a al Sr. Tlaseca que aceptase la posición de supervisor. Le dijo que tendría más prestaciones para su familia si era supervisor.

Antes del primero de abril de 1993, el Sr. Pía sabía que los organizadores sindicales estaban distribuyendo información a sus empleados acerca de la compañía. El Sr. Pia no sabía con certeza hasta qué punto estaban los empleados convencidos en formar un sindicato.

El 31 de marzo de 1993, Michael Pia llevó a cabo cinco reuniones con pizcadores de la granja de Kennett. Cuatro de éstas incluyeron dos "gangas" presentes por reunión y se reunieron por separado con la cuadrilla nocturna cuando se reportaron a trabajar. La señorita May fue la intérprete para Pia en las reuniones.

La agenda de las reuniones abordó algunas de las preocupaciones de los trabajadores durante las reuniones previas.

Con respecto al aumento salarial, el patrón Pia dijo a sus trabajadores que Kaolin incrementaría 5 centavos por canasta por cada tipo de recipiente utilizado por Kaolin. En las primeras dos reuniones, Pia informó a los trabajadores que el incremento iba acompañado de un de requerimiento de "acomodar" los champiñones que es una manera especial de colocar los champiñones en los recipientes. También les dijo que Kaolin ofrecería $600 al año destinado a seguro médico de empleado para trabajadores cualificados, o $50 por empleado que no eligiese aceptar el seguro médico.

Kaolin no había ofrecido previamente el seguro médico. Pia también les dijo a los trabajadores de Kaolin que instituiría un plan nuevo de servicios legales, que le permitiría a los trabajadores obtener servicios gratuitos para cierto tipo de situación legal y permitiría reducir las tarifas para otros servicios legales.

Pia les dijo a los trabajadores que aumentaría los salarios si trabajasen en la Navidad o el Año Nuevo duplicando así su tarifa regular.

Por lo menos en una de estas reuniones Pia informó que su compañía no podía proveer seguro médico familiar. En todas las reuniones, Pia dijo que no sería posible reubicar o liquidar a los supervisores mexicanos.

En cada reunión con las cuadrillas matutinas, los pizcadores expresaron su insatisfacción por el requisito de "acomodar" los champiñones, debido a que trabajan por hora y eso implicaría a la larga más tiempo laboral por menos dinero debido a que el acomodamiento del producto es laborioso.

Ya para la tercera reunión, Pia les dijo que reconsideraría lo del llenado de recipientes y se reuniría con ellos más tarde.

En una de las reuniones sostenidas el 31 de marzo de 1993, el trabajador Oscar Regalado le preguntó a Michael Pia por qué su compañía no aceptaba un sindicato.

A lo cual el patrón respondió que, en su opinión, los trabajadores no necesitaban un sindicato porque tenían comunicación abierta con él. Agregó que los trabajadores estarían desperdiciando su dinero con un sindicato.

Asimismo, se discutió acerca de Ventura Gutiérrez. Algunos de los trabajadores manifestaron su descontento acerca de los requisitos de empacado ya que eso no era un aumento y que preferían tener un sindicato para que los representara.

Entre los trabajadores que vocalizaron sus opiniones acerca del supuesto aumento salarial estuvieron Mario Torres Castañeda, Guadalupe Flores Martínez, Baltazar Avila López y Oscar Regalado Hernández. Ninguno de los trabajadores, durante estas reuniones, le informó a Pía que se iban ir a la huelga.

Preparativos de la Huelga del Primero de Abril de 1993

"Goza de tu abril y mayo, que tu agosto llegará"

Los trabajadores que asistieron a la reunión en marzo de 1993 le expresaron a Ventura Gutiérrez que querían un sindicato.

Le dijeron que querían participar en un paro laboral debido al descontento acerca de la propuesta que les hizo Pia de empacado el champiñón y la cantidad propuesta de alza salarial.

Los trabajadores consultaron con Gutiérrez acerca de cuál sería la mejor estrategia para llevar a cabo una huelga con éxito.

Una de las razones por las cuales buscaron su liderazgo era la habilidad del organizador californiano de hablar inglés. La reunión probablemente se realizó en Center Square Apartments. Los trabajadores discutieron los problemas que tenían en Kaolin y la decisión de hacer el paro fue de ellos y no de Ventura Gutiérrez.

Los trabajadores de Kaolin habían realizado anteriormente una serie de paros cortos.

El papel del líder sindical en esas reuniones era de proporcionar información a los trabajadores acerca de sus alternativas. Mientras los trabajadores esperaban la respuesta de Michael Pía, exploraron muchas diferentes opciones.

Los representantes del Comité de Apoyo a los Trabajadores Agrícolas (C.A.T.A.) le habían proporcionado previamente alternativas generales a los trabajadores.

Antes del primero de abril, Ventura Gutiérrez le informó a Nelson Carrasquillo, director ejecutivo de C.A.T.A., acerca de la situación de los trabajadores en la planta de Kaolin y hablaron sobre la realización o no de la huelga por parte de los trabajadores.

El 31 de marzo de ese año, Gutiérrez se reunió con algunos de los empleados de Kaolin en el apartamento de Luis Tlaseca para discutir la huelga. El líder les informó sobre la manera de realizar un paro y los trabajadores acordaron en realizarlo.

Inicio de la Huelga

"El día 31 de marzo tuvimos una reunión en la que estuvimos presentes un grupo de trabajadores para discutir el paro, el cual se acordó tenía que comenzar el jueves primero de abril. La idea era que iríamos a trabajar, pero si nos exigían que además de pizcar acomodásemos el hongo, entonces parábamos....

El 1o. de abril, Luis [Tlaseca] se queda dormido y llega a las 5.a.m. no habíamos parado todavía y algunos le gritaron : '¡ya te vendistes...!' entonces él, Miguel y otros se pusieron al frente llamándonos a todos al paro...casi todos los hicimos, los pizcadores, los de la empacadora, fue un paro del 90%.

La compañía como respuesta inmediata fue contratar reemplazo en nuestros puestos. Nosotros lo que hicimos fue hacer uso de nuestro derecho: hacer uso de la huelga como última medida para hace oír nuestra voz y exigir que se nos respete.

Utilizamos la desobediencia civil, entramos a la honguera a tratar de persuadir a los otros compañeros de que se unan a nosotros, como consecuencia de esto, treinta y tres de nosotros quedamos despedidos.

Se hizo contacto con la Asociación de Asiáticos para pedirles su apoyo en nuestra lucha traduciendo para sus paisanos un volante donde explicábamos las razones de nuestra huelga, ellos así lo hicieron colaborando con nosotros.

A todo esto tuvimos que hacer una acción legal para evitar que seamos reemplazados, pero fue denegada y además que sólo podíamos andar en parejas y a una distancia de 10 pies cuando estábamos en la propiedad de la compañía. Al comienzo los grupos o piquetes que formamos estuvimos parados desde las 4:30 a.m; A las 11:00 a.m. y de 2:00 p.m. a 5:00 p.m. Los piquetes permanecieron hasta el día de las elecciones de la unión".

En tanto, los pizcadores se reportaron a trabajar en la mañana del 1o. de abril, Ventura Gutiérrez y Wiliam Suárez-Potts, un abogado de Friends of Farmworkers, estaban parados en el área verde directamente adyacente al estacionamiento de Kaolin. La policía le pidió a ambos que se movieran de ahí y se fueron al estacionamiento de una residencia en frente de la calle.

Los pizcadores comenzaron a trabajar en el Bloque 5 ahí de las 5 a.m. En ningún momento en la mañana del 1o. de abril de 1993, antes de que los pizcadores del turno matutino en la División Kennett de Kaolin fueron a trabajar, ni Pia ni Wagoner les informaron directamente que habían rescindido el requisito controvertible del acomodamiento de champiñones.

Alrededor de las 5:00-5:15 a.m., aproximadamente 100 pizcadores en la granja de Kennett dejaron sus estaciones de trabajo y se dirigieron a la cafetería. Ahí, Luis Tlaseca actuando como portavoz expresó las preocupaciones del paquete salarial y de prestaciones que Pia les había presentado el día anterior.

Aproximadamente a las 5:30 de esa mañana, Pia habló con Luis Tlaseca y otros trabajadores en la cafetería en inglés y no tenía a Frank Wagoner o alguien más como intérpete suyo.

Michael Pia les preguntó a los trabajadores cuál era el problema. Tlaseca respondió que era el acomodamiento de los champiñones a lo que el patrón contestó que la compañía había rescindido el requisito del acomodamiento.

Tlaseca y los otros trabajadores, ya sea que no entendieron a Pia, o decidiendo que la propuesta de la gerencia era aún insuficiente, marcharon fuera de la cafetería después de que alguien gritó el nombre de Ventura Gutiérrez, según dice Pia.

Los huelguistas marcharon una distancia corta a la calle West South donde se encontraron con Gutiérrez y luego se movieron como un grupo a una residencia privada cerca del estacionamiento en el lado sur de la calle West South. Subsecuentemente, el grupo marchó en dirección oeste sobre West South a un parque localizado cerca de la granja Kennett.

Después de que los huelguistas se congregaron en ese lugar, seleccionaron a su directiva y organizaron la Unión de Trabajadores de Kaolin.

Cada "ganga" escogió a una persona como su oficial. Los oficiales elegidos fueron Luis Tlaseca Flores,Oscar Regalado Hernández,José Arturo Zavala,Gerardo Navarrete León,Porfirio Torres y Tomás Diego Aguilar.

Ventura Gutiérrez sirvió como consultor en la elección de líderes y la organización de la unión por su renombrada experiencia en la actividad sindical.

Los huelguistas reconocieron a Ventura Gutiérrez como el líder de la Unión de Trabajadores de Kaolin.

La primera semana de la huelga

Alrededor de las 7:00-7:15 a.m. del 1o. de abril, Guitérrez y Tlaseca guiaron a los huelguistas a la propiedad de Kaolin hacia el Bloque 6. Bajo procedimientos regular, Kaolin Mushroom Farms, Inc. permitia a sus empleados permanecer o entrar a la propiedad de Kaolin cuando no estaban trabajando

No había letreros que prohibían el traspaso entre el campo de pelota y la propiedad de Kaolin el primero de abril de ese año.

Antes de llegar a la propiedad, los huelgistas observaron a un grupo de personas que no habían sido empleado en Kaolin en las horas tempranas de la mañna cuando los huelguistas se reportaron anteriormente a trabajar en el Bloque 6.

Wagoner le gritó al grupo huelguista mientras se acercaban al Bloque 6 que si interferían con los trabajadores serían despedidos. Los huelgistas continuaron su camino hasta el frente del Bloque 6.

Algunos huelguistas, entre ellos Luis Tlaseca, procedieron hacia afuera del Bloque 6.

Luis Tlaseca se quedó parado en el umbral de la Casa 35, tratando de de ganar la atención de los trabajadores y decirles que dejaran la casa. Quince personas estaban trabajando en esa casa a esa hora. Wagoner le adviritió repetidamente que si no paraba iba a ser despedido.

En tanto este incidente continuaba, más y más trabajadores vinieron al pasaje abierto y techado del Bloque 6 hasta que había de 40 a 50 huelguistas ahí. Los huelguistas comenzaron a gritarle a los pizcadores dentro de la casa que salieran a ayudar a los huelguistas. Alguien apagó las luces dentro de la casa.

Los huelguistas se negaron a irse y Wagoner, sintiéndose amenazado, se retiró afuera del pasaje abierto y techado, donde estaba parado Ventura Gutiérrez.

Wagoner estaba hablando con Tlaseca mientras que éste seguía exhortando a los trabajadores para que salieran de la casa.En ese momento Tlaseca estaba parado en el umbral. Después de repetidas advertencias de que parara o sería despedido. Gutiérrez empezó a gritar repetidamente en español "queremos nuestros cheques" . El primero de abril era un día normal de pago para los trabajadores.

Tras el incidente los trabajadores de la casa 35 no continuaron su trabajo.

Jorge López Niño, Agustín Ortiz Ruiz, Tovías Medrano Pantoja y Mario Torres Castañeda estaban entre los trabajadores congregados afuera del Bloque 6 esa mañana del primero de abril.

Gutiérrez guió a los trabajadores al cuarto donde se checa la entrada al trabajo para que recogieran sus cheques de pago. Pia se encontró con Gutiérrez. Ventura le informó que había sido seleccionado por los trabajadores para hablar con él acerca de las preocupaciones de los trabajadores. A lo cual Pia le respondió que no estaba interesado en hablar con Gutiérrez.

Esa misma mañana Ventura Gutiérrez, Oscar Regalado Hernández, Gerardo Navarrete León, Alfonso López y Porfirio Torres, viajaron a la planta Alpine y le gritaron a los trabajadores que salieran y se unieran a la huelga. Muchos trabajadores salieron de la casa y varios de ellos luego se fueron al parque de pelota donde estaban reunidos los huelguistas.

La tarde del primero de abril

Aproximadamente de 4 a 5 de la tarde, quince miembros de la cuadrilla nocturna de la granja Kennett se reportaron a trabajar.

Los huelguistas entraron a la propiedad de Kaolin y se dirigieron para entrar a la casa de champiñones donde iba a trabajar dicha cuadrilla. Los huelguistas les quitaron sus enseres de pizca y les gritaron que se unieran a la huelga. Los huelgistas también tumbaron varias canastas de champiñones y apagaron las luces en esa casa.

Los huelguistas forzaron a la cuadrilla nocturna afuera y les prohibieron trabajar.

De acuerdo a Pia la cuadrilla nocturna estaba visiblemente asustada por tal incidente. Debido a que muchos huelguistas se quedaron parados afuera del Bloque 7, Kaolin envió la cuadrilla nocturna a su casa. La gerencia de Kaolin temía que se repetiría el incidente si los trabajadores no se iban a sus casas.

Tras este suceso, Pia y Wagoner se reunieron y decidieron finiquitar a los siguientes empleados con base a la conducta referida anteriormente: Heraclio Zavala Villagómez, Jorge López Niño, Tovías Medrano Pantoja, José Luis Medina Rangel, Mario Torres Castañeda, Porfirio Torres Castañeda, Benjamín Luna, Mario Vásquez López, Juan Manuel Avila López y Andrés López López.

El 2 de abril

Aproximadamente a las 4 de la tarde del viernes 2 de abril de 1993, un grupo de huelguistas comenzó a reunirse en el estacionamiento al frente de la calle de la oficina principal. Los huelguistas estaban situados de manera tal que no había acceso al estacionamiento. A la hora cuando se levantó el sol, un grupo grande todavía seguía reunido en el estacionamiento.

Ventura Guitérrez se unió al grupo entonces. Poco después el grupo se fue al campo de pelota.

La gente que quiso usar el estacionamiento y lo encontró bloqueado tuvo que retirarse. Aproximadamente 15 trabajadores deberían haberse presentado al trabajo esa mañana.

En la mañana del 2 de abril, Kaolin tenía aproximadamente 14 guardias de seguridad apostados en la propiedad de la granja.

Además, Kaolin había conseguido trabajadores temporales a través de la compañía Action Temporary Services, Inc. basada en Wilmington, Delaware.

Quince trabajdadores de esa agencia se reportaron a trabajar en la mañana y comenzaron a cosechar los champiñones después de que Wagoner y otros individuos les instruyeron cómo pizcar.

Aproximadamente de 7:00-7:15 a.m. entre 50 y 100 huelguistas trataron de ganar acceso a la entrada de atrás de las casas de champiñones en el Bloque 7 donde estaban trabajando los empleados temporales. Como no pudieron ganar acceso, los huelguistas se dirigieron al frente del Bloque 7. Cuando los huelguistas llegaron al frente del del Bloque 7, los guardias de seguridad se apostaron en la entrada.

Luis Tlaseca trató de abrir la puerta de la casa, pero fue empujado a un lado por un guardia de seguridad. Tlaseca fue empujado hacia Wagoner. El líder mexicano empujó con sus manos a Wagoner para luego echarse para atrás y levantarlas al aire, indicando que no intentaba una confrontación física.

Wagoner, bajo la impresión de que los trabajadores temporales estaban atemorizados, los dejó irse del trabajo.

En la noche del 2 de abril, Kaolin obtuvo una orden de restricción para evitar que C.A.T.A., sus aliados y agentes y los picadores, agentes o no de C.A.T.A., traspasaran o bloquearan el acceso a la propiedad de Kaolin.

El 3 de abril

En esa fecha Kaolin contrató a Security Associates International para proveer ayuda de seguridad a Kaolin. Tras la firma de ese contrato, desde el 3 de abril aproximadamente entre 50 y 100 empleados de Security Associates comenzaron a trabajar en Kaolin. Estos empleados realizaron funciones de seguridad no uniformada.

Kaolin asignó a Raymond Harvey, uno de los vicepresidentes de Security Associates como coordinador de proyecto. Harvey estaba a cargo de la cuadrilla asignada a realizar funciones en una o más casas en el Bloque 6. La cuadrilla comenzó sus deberes aproximadamente a las 5:45 de la mañana. Wagoner entrenó a Harvey en cómo "jalar" los champiñones y a su vez el coordinador entrenó a su cuadrilla.

Dicha cuadrilla de oficiales de seguridad estaba jalando champiñones en vez de cortarlos ya que los champiñones en el Bloque 6 no eran vendibles y la cuadrilla llevaría estos vegetales a la planta de enlatado.

Poco antes, de las 6:00 y 6:15 a.m., la cuadrilla de Harvey estaba arrancando champiñones en el primer y segundo piso de la honguera del Bloque 6.

Ocho huelguistas entraron por la puerta de atrás en la honguera y más de uno le empezaron a gritar a la cuadrilla de Harvey de que les estaban quitando sus trabajo y que se salieran. Les escucharon gritar : "Get out of here; get out of here. You're taking my fucking job, you fucking scab. Get out of here".

La mayoría de los integrantes de la cuadrilla de Harvey pesaban entre 225 libras y 300 libras. Cuando los trabajadores se dieron cuenta que dicha cuadrilla estaba ahí para fines de seguridad y no de pizca, los huelguistas se dieron cuenta que era mejor tocar la retirada de la honguera.

Dos de los huelguistas lograron salir de la casa sin ser detenidos. Bajo las órdenes de Harvey, la cuadrilla bloqueó las puertas antes de que otro huelguista más pudiera salir. Harvey y sus gente comenzó a cercar a los trabajadores huelguistas. No se identificaron como personal de seguridad, no llevaban uniformes o ninguna indicación de esa función. Dos trabajadores se resistieron y trataron de salir de la casa. Harvey y otros miembros de su cuadrilla utilizaron la fuerza para someterlos. Aprehendieron a seis de los individuos que entraron y los detuvieron ahí hasta que la seguridad Gettier y la gerencia llegaron al lugar de los hechos.Gettier le dio a Harvey esposas flexibles y sacaron a los individuos uno por uno a la camioneta.

Poco después, Harvey hizo un reporte oral a Wagoner y a Pia sobre el incidente. El reporte incluía lo que Harvey presenció en la honguera y lo que los empleados le habían informado. Este reporte se hizo frente a los individuos que fueron detenidos e incluyó la descripción de las acciones de cada uno de los trabajadores.

Los seis huelguistas fueron conducidos a la cafetería de Kaolin donde los identificaron formalmente: José Manuel Guzmán Hernández, Alfonso López Romero, Miguel Avalos Cerrato y Eloy Reyes Acuña, empacador. La identidad de los otros dos trabajadores no pudo ser determinada por la gerencia de la planta.

Huelguista José Manuel Guzmán, oriundo de Moroleón, Guanajuato, México. Cortesía de Leticia Roa Nixon

Los seis detenidos fueron arrestados. Raúl Herrera, Miguel Avalos Cerrato, Alfonso López Romero, Francisco López, Gildardo Zavala López, José Manuel Guzmán Hernández, Agustín Ortiz Ruiz y Eloy Reyes Acuña recibieron citaciones de la policía estatal de Pensilvania bajo el cargo de traspaso criminal desafiante.

Posteriormente, Miguel Avalos Cerrato y José Manuel Guzmán Hernández resultaron absueltos de dichos cargos durante un juicio en mayo de 1993 ante un Juez de Distrito.

Igualmente, las acusaciones contra Raúl Herrera, Alfonso López Romero, Francisco López, Gildardo Zavala López, Agustín Ortiz Ruiz y Eloy Reyes Acuña fueron declaradas sin lugar.

El 3 de abril de 1993 Pia y Wagoner decieron finiquitar a los siete trabajadores huelguistas;José Manuel Guzmán Hernández, Alfonso López Romero, Gildardo Zavala López, Raúl M. Herrera Pizano y Agustín Ortiz Ruiz.

La información de la lista de pagos no revela si se procesó el finiquito de Miguel Avalos Cerrato y Alfonso Zavala Anguiano.

Miguel Avalos Cerrato había sido despedido el primero de abril. Kaolin decidió después que tenían evidencia más apremiante de mala conducta para el incidente del 3 de abril y por tanto decideron adelantar eso como una razón adicional para su finiquito.

El 5 de abril de 1993, la Corte de Primera Instancia del Condado de Chester expidió una Orden Temporal Enmendada de Protección contra los trabajadores huelguistas.

El 7 de abril

El 3 ó 4 de abril, Kaolin contrató a través de contratistas de fuerza laboral agrícola de Filadelfia, a trabajadores para cosechar champiñón en la finca de Kennett. Consecuentemente, Arthur N. Read, abogado defensor de la Unión de Trabajadores de Kaolin, archivó una petición en la corte federal para que prohibiese a Kaolin utilizar a contratistas de trabajadores agrícolas que no estuviesen registrados.

El 7 de abril, Kaolin estaba empleando entre 100 y 200 contratistas de labor agrícola.

En la mañana del 7 de abril, los abogados de ambas partes asistieron a una audiencia ante el Tribunal de Primera Instancia del Condado de Chester acerca de la petición de Kaolin para alivio de requerimiento judicial.

"En ese tiempo también hicimos algunas acciones como la de acercarnos al portón, la que provocó una acción violenta de parte de la seguridad de Pia, que fue difundida por la televisión y la prensa. Pia aprovechó la ocasión para hacer arrestar a los dirigentes y a algunos de nosotros quienes ni siquiera estuvimos presentes en dicha acción con el objetivo de atemorizarnos y descabezar la huelga, pero nuevamente se equivocó. Nosotros, por lo contrario seguimos adelante con más fuerza y decisión que nunca. Esto también nos sirvió además de otra demanda que nos hizo Pia a algunos de nosotros, especialmente para hacer difusión de nuestra lucha y mucha gente que no se daba cuenta de lo que sucedía, comenzó a acercarse a nosotros y a darnos mucho apoyo de todo tipo: apoyo económico, apoyo material con alimentos, apoyo moral, acercándose a nosotros mostrando su simpatía, acompañándonos, etc.".

Folleto de C.A.T.A.

Alrededor de las 3 de la tarde del 7 de abril, los oficiales de la localidad de Kaolin en Kennett Square se enteraron que el juez Bartle, un Juez de Distrito en Filadelfia, había fallado respecto a la petición de la Unión.

Ventura Gutiérrez, algunos representantes de C.A.T.A. y varios huelguistas estaban en el campo de pelota cuando recibieron la noticia del fallo judicial. Este líder les informó a los huelguistas acerca de la decisión de la corte federal a favor de Pia y les exhortó que no se desilusionará por dicho fallo y que permanecieran unidos para lograr sus metas.

Poco después de recibir las noticias de la decisión de la Corte, Ray Harvey observó a los huelguistas marchar calle arriba West South y Harvey condujo su vehículo a la puerta principal.

Fue por Wagoner y le dijo que los pizcadores venían subiendo la calle. Wagoner cerró con llave el portón afuera del cobertizo y se fue a la puerta principal.

Descubrió que la puerta había sido cerrada con la cadena suelta colgando a través del portón. Antes de que Harvey pudiera regresar, los huelguistas y otros que estaban a la vuelta de la esquina procedieron al edificio de la oficina central. Eduardo Rivera iba al frente portando una bandera.

Cuando los pizcadores dieron vuelta a la esquina, el Sr. Gutiérrez empezó a gritar, "Vámonos apúrense". Wagoner intentó cerrar el portón y tratar de meter la cadena para asegurarlo. No tuvo éxito y Ventura Gutiérrez viendo el predicamento de Wagoner, pateó el portón para evitar que Wagoner encadenara el portón.

Día de las Elecciones

"¡Ay, reata, no te revientes, que es el último jalón!"

Huelguistas apoyantes de la Unión de Trabajadores de Kaolin. Cortesía de Harvey Finkle

Capítulo 4

LA DIFUSIÓN DE LA HUELGA

Portada cortesía del periódico El Hispano de Filadelfia, 1993

A continuación está un resumen de la cobertura noticiosa de los principales periódicos en inglés, principalmente del conocido diario *The Philadelphia Inquirer* el cual contó con corresponsales que le dieron seguimiento a lo que sucedía con el organizador Ventura Gutiérrez, incluso antes de la huelga del primero de abril.

Así en el artículo que publicó *The Philadelphia Inquirer* el 15 de marzo de 1993 escrito por la corresponsal Cindy Anders se informaba de cómo el organizador Ventura Gutiérrez quien había llegado semanas antes de California estaba repartiendo volantes a los trabajadores de Kaolin Mushroom Farms.Minutos después la policía estatal llegó a investigar a esa "persona sospechosa".

El policía estatal Kelly Cruz le advirtió al organizador que si ponía un pie en la propiedad de la planta Kaolin se arriesgaba a ser arrestado por traspaso criminal.

Sin embargo Ventura Gutiérrez era un avezado veterano en luchas sindicales en California y Tejas y les dijo a los policía estatales que estaba ejerciendo sus derechos constitucionales.

Estaba alentando a un estimado de 4,000 trabajadores de la industria champiñonera del Condado de Chester a sindicalizarse. Su plan era también incluir a los estados de Guanajuato y Michoacán en México es decir organizando a trabajadores en ambos lados de la frontera entre México y Estados Unidos alrededor de los temas comunes de salud, trabajo y salarios.

♦ El 23 de marzo de 1993 la cónsul general Alma Patricia Soria Ayuso, junto con el vice-cónsul Carlos Giralt-Cabrales, fue a Kennett Square. Igualmente, Ventura Gutiérrez fue a la planta de Kaolin Mushroom Farms.

La cónsul general tenía el objetivo específico de hablar con los trabajadores mexicanos acerca de la salud en el sur del Condado de Chester donde residían 6,000 connacionales.

Para el líder sindical, la visita constituía el inicio de una campaña de organización alrededor del cuidado médico, su primer esfuerzo era mejorar las condiciones laborales para los trabajadores locales del cultivo del champiñón.

En cambio para la Cónsul General Soria Ayuso era ofrecer los servicios del consulado y hablar del plan médico del gobierno mexicano.

Michael Pia, presidente de Kaolin Mushroom Farms, se dio cuenta de la diferencia de objetivos de los dos visitantes y los separó. En salón de conferencias de la compañía, Pia le dijo a la Cónsul Soria Ayuso que no estaba interesado en que el Sr. Gutiérrez le hablara a los trabajadores. "la estoy invitando a usted a hablarle a nuestra gente pero el Sr. Gutiérrez está difundiendo mucha información negativa y deficiente acerca de nuestra compañía".

Después de una breve charla con el grupo, que incluyó al cónsul adjunto, Carlos Giralt-Cabrales, y otro organizador voluntario entre las fincas y la fuerza laboral, Pia dijo que le iba a dejar a los otros hablar con los 25 trabajadores empacadores reunidos en el salón de almuerzo de la compañía.

Gutiérrez había ido a Kaolin un par de semanas antes a repartir volantes y a hablarle a los trabajadores, algunos de los cuales estaban molestos con los cambios recientes en la escala de pagos de la compañía.

Pia, quien empleaba a 500 trabajadores en los almacenes, empacadoras y oficinas de la compañía, dijo que estaba interesado en saber más sobre el programa de seguro médico que Soria Ayuso había venido a discutir con él.

♦ **Huelguistas de Kaolin fueron acusados de Traspaso- 4 de abril de 1993 -Cindy Anders, The Philadelphia Inquirer**

El 3 de abril ocho huelguistas de Kaolin Mushroom Farms en Kennett Square fueron acusado de traspaso después de cruzar la propiedad de la compañía, en incumplimiento de una orden judicial que les impedía estar en las instalaciones de la compañía.

Los huelguistas dijeron que iban a un parque cercano, un lugar de reunión desde que empezó la huelga, cuando fueron perseguidos por guardias de seguridad armados con macanas.

El policía estatal Mervin Rodríguez dijo el 3 de abril que la policía estaba investigando las alegaciones de agresión simple de Ventura Gutiérrez, el organizador laboral de California que está liderando la huelga, y las del huelguista Salvador López Hernández.

Clifton Phipps, caporal de la policía estatal dijo que los ocho hombres acusados de traspasar fueron detenidos y liberados. Les advirtieron que si vuelven a entrar a la propiedad de la compañía los cargos contra ellos iban a ser más serios. Los acusados desconocían acerca de la orden judicial cuando fueron detenidos.

Michael Pia, el presidente de Kaolin Mushroom Farms obtuvo una orden judicial limitando la línea de piquete y que prohibía a los hombres a entrar a la propiedad de la compañía, pero el alguacil de la oficina del condado apenas estaba entregando dicha orden el 3 de abril por la tarde.

Cerca de dos docenas de trabajadores de reemplazo de los huelguistas fueron vistos entrando a la compañía el 3 de abril. Una camioneta era de una agencia de empleo temporal en Wilmington.

♦ Los huelguistas difunden la información acerca de su esfuerzo – 6 de abril de 1993 –Cindy Anders, The Philadelphia Inquirer

Los huelguistas de Kaolin Mushroom Farms en Kennett Square visitaron otras fincas de cultivo de champiñón del area el 5 de abril, diciéndoles a los trabajadores acerca de su impulso de formar una unión y preguntándoles acerca de las condiciones laborales de sus compañías.

En tanto la huelga entraba en su quinto día, la Juez del Tribunal del Condado de Chester, Jacqueline Carroll, autorizó al Departamento de Alguaciles del condado y a la policía estatal a arrestar a cualquier huelguista que violase la orden judicial emitida la tarde del viernes. La orden limitaba el piquete y prohibía a los trabajadores a entrar a la propiedad de la compañía.

Los huelguistas de Kaolin habían planeado expandir su piquete a Action Temporary Employment, una agencia de Wilmington que empezó a proveer trabajadores a Kaolin después de que empezó la huelga. Cancelaron el esfuerzo después de la agencia dijo que no iba a seguir enviando trabajadores al sitio de la huelga.

Arthur Read, un abogado con Friends of Farmworkers, una oficina de asistencia legal de Filadelfia trabajando con los huelguistas, había acusado a Action Temporary de carecer de los permisos y licencias necesarios para contratar y dar empleo a trabajadores agrícolas.

Read, quien está buscando una orden judicial para detener a Kaolin de usar contratistas laborales sin licencias, también ha dicho que la compañía no estaba cumpliendo con una ley que requiere a los contratistas decir a trabajadores potenciales - en escribir en su lengua materna acerca de las condiciones de trabajo y la existencia de una huelga.

El Juez del Tribunal de Distrito de los Estados Unidos, Harvey Barle, quien estaba supuesto de escuchar el caso ayer, lo pospuso hasta hoy para darle tiempo a Kaolin para mostrar estaban cumpliendo con las leyes relativas a contratistas laborares y divulgación acerca de la huelga.

Sin embargo, Action Temporary Employment, que fue nombrada en la demanda, no compareció para la audiencia en Filadelfia y ha quedado fuera del caso porque ya no suple trabajadores.

La demanda todavía se dirige a los contratistas laborales que continúan supliendo a Kaolin con trabajadores de reemplazo aunque no se mencionan específicamente a las compañías.

Algunos pizcadores y empacadores de Kaolin estallaron la huelga el jueves pasado para exigir el reconocimiento de su Unión formada recientemente. Liderados por Ventura Gutiérrez, un organizador de la fuerza laboral campesina de California, más de 140 trabajadores de Kaolin firmaron formas autorizando a la unión para representarlos.

Cuatro empacadores más de Kaolin se unieron ayer a la huelga.

El administrador regional de salarios y horas del Departamento de Trabajo de los Estados Unidos visitó ayer a Kaolin y va a regresar hoy a la compañía para revisar los documentos de los otros contratistas que están supliendo la mano de obra.

Kate Dugan, vocera del departamento dijo que no se podía comentar algo una vez que haya comenzado la investigación. Dijo que los funcionarios fueron a evaluar hoy la situación y pensaron que debería haber una acción".

Gutiérrez y los huelguistas planearon ir anoche a la reunión del Concejo de la Municipalidad de Kennett Square para exigir una explicación acerca de la regulación temporal de la policía de restringir el uso del estacionamiento y del campo de pelota público cerca de Kaolin que los huelguistas había usado como lugar de reunión.

"Queremos dejarles sable que estaremos identificando las necesidades de los trabajadores agrícolas de Kennett Square y sus familias no están relacionadas al trabajo", dijo Gutiérrez. "Y esperamos que respondan de manera seria y sistemática".

♦ **Huelgistas hacen un llamado a boicot al consumo de los champiñones- 13 de abril de 1993 –Cindy Anders, The Philadelphia Inquirer**

Trabajadores, huelguistas y apoyantes llamando a un boicot del consumo de champiñones. Cortesía de Harvey Finkle

Los huelguistas de Kaolin Mushroom Farms en el Condado de Chester hicieron un llamado ayer para boicotear el consumo de champiñones para presionar a la compañía para que reconozca la unión recientemente formada.

Ayer por la noche se determinaron los detalles del boicot durante una reunión de sindicatos locales, grupos de Iglesias y otras organizaciones cívicas.

Al mismo tiempo, Ventura Gutiérrez,el líder de la huelga de Kaolin Workers Union, alertó a los consumidores que los champiñones no son cultivados con buenas condiciones sanitarias.

"Los trabajadores de toda la industria champiñonera orinan en las camas de champiñones, lo que haría pensar a los consumidores dos veces antes de darle la mordida a su siguiente rebanada de pizza de champiñones", dijo.

Gutiérrez dijo que los hombres se ven forzados a orinar en las camas de champiñones debido a que no hay baños portátiles.

El Instituto Americano del Champiñón, una organización de

cultivadores de champiñones, emitió una declaración oponiéndose al boicot y denegó que los champiñones no fueran seguros.

"La industria del champiñón y sus trabajadores siempre han tenido la más alta prioridad acerca de la integridad, lo saludable y limpieza de sus productos", de acuerdo a la declaración.

El llamado al boicot a la industria champiñonera tuvo lugar en una reunión de líderes sindicalistas, políticos y trabajadores huelguistas en Filadelfia ayer.

Durante la sesión, el representante estatal Mark Cohen (Demócrata de Filadelfia) quien recientemente presentó un proyecto del trabajo agrícola, y el concejal Angel Ortiz expresaron su apoyo a los trabajadores huelguistas y al boicot.

"Allá arriba parece ser que tienen un conjunto de leyes para los dueños de las factorías y un conjunto de leyes para los trabajadores", dijo Ortiz, quien convocó a las uniones en toda la ciudad para apoyar a los huelguistas. Pidió al público a honrar el boicot. "Vamos a boicotear a los champiñones. A partir de hoy tienen que tener una etiqueta de la Unión".

Más de 140 trabajadores de Kaolin hicieron un paro en la planta de Kennett Square hace 12 días para exigir el reconocimiento de su Unión recientemente formada.

Desde que comenzó la huelga, varios trabajadores han sido arrestados y 28 despedidos por Kaolin por participar en una refriega con los guardias de la compañía.

Kaolin ha estado contratando a trabajadores de sustitución, en su mayoría camboyanos de Filadelfia, para continuar la producción.

John Fong, un representante de Asiáticos Americanos Unidos, una organización de la ciudad, criticó a Michael Pia, presidente de Kaolin, por contratar a trabajadores de sustitución.

"Como asiáticoamericano, estoy encolerizado", dijo Fong, refiriéndose a la historia de la industria champiñonera de contratar a inmigrantes, comenzando con italianos en 1930s y continuando a través de 1990s, con la contratación de mexicanos. "Al traer a inmigrantes y refugiados recientes, el Sr. Pia continúa un ciclo de abuso y de explotación".

Pia no pudo ser contactado para comentario.

Los organizadores también anunciaron ayer que han creado un fondo para la huelga para compensar a los huelguistas que perdieron su paga. El Distrito 1199C de la Unión Nacional de Empleados de Hospitales y Cuidado Médico contribuyeron con $5,000 para el fondo.

Tras un mitin en Filadelfia, los huelguistas y los partidarios de la unión viajaron a Kennett Square en una caravana. Ahí piquetearon brevemente el Meridian Bank, donde dicen que la familia Pia, los dueños de Kaolin tienen sus cuentas bancarias.

Se le prohibió ayer a Ventura Gutiérrez, el jefe organizador de la huelga de los trabajadores del champiñón en el Condado de Chester, caminar o conducir cerca de Kaolin Mushroom Farms, el blanco de la huelga.

La orden del Juez del Tribunal de Primera Instancia fue tras el arresto de Gutiérrez el miércoles después de que docenas de trabajadores huelguistas traquetearon una valla metálica en frente de la compañía en Kennett Square, en incumplimiento con una orden judicial anterior que limitaba el piqueteo.

Otros diez piqueteadores fueron arrestados ayer, acusados de participar en el mismo incidente después de que funcionarios de la compañía los identificaron por una videocinta que fue proyectada en la corte. Gutiérrez y los otros fueron arrestados ayer después de estar de acuerdo con una nueva orden y más severa firmada por la juez Jacqueline Carroll del Condado de Chester.

Más de 140 pizcadores y empacadores de champiñón hispanos se fueron a la huelga en Kaolin, esperando organizar la primera Unión de trabajadores de champiñón en el estado desde los 1960s.

La nueva orden le prohíbe a Gutiérrez de estar cerca de Kaolin, ya sea a pie o en un vehículo, incluso en los caminos públicos. Si conduce en el área no puede detenerse o comunicarse con nadie afuera del vehículo dijo Carroll.

"Entiendo que hay cosas que usted está tratando de hacer", dijo Carroll a Gutiérrez. "Ponga atención a la ley y obedezca cada palabra de mi orden".

Se les había dicho a los trabajadores huelguistas que no pusieran más de dos piquetes, con una distancia de 15 pies entre los piquetes, afuera de las entradas de la compañía. Los que no estaban piqueteando podían moverse a través del área en grupos de cinco o menos, dijo Carroll, pero no podían pararse o reunirse en el área rodeando la finca.

Los trabajadores huelguistas tenían permitido reunirse cerca en el Parque Herb Penncock, usado antes como un área de plataforma.

Previamente, los piqueteadores estaban limitados a dos piquetes cada 20 pies a lo largo del camino en frente de la planta.

Gutiérrez dijo ayer que los piqueteadores estaban obedeciendo una orden el miércoles, cuando un supervisor de la planta junto a una de las verjas comenzó a burlarse de ellos. Fue entonces cuando los piqueteadores arremetieron contra la verja, dijo, participando en una riña con los oficiales de la compañía.

"Los miembros se dieron cuenta que todos estábamos siendo acosados— especialmente yo--¿pero qué puede hacer uno cuando el sistema legal y político está sesgado a favor del patrón especialmente en el Condado de Chester?" dijo Gutiérrez.

Michael Pia, el presidente de Kaolin, dijo que estaba satisfecho con la nueva orden y que se sentía "esperanzado" que los trabajadores huelguistas la cumplirían. Los trabajadores de sustitución no se asustaron por el incidente en la verja el miércoles", dijo.

"Es como siempre para nosotros", dijo Pia. "Vamos a continuar trabajando".

Arthur N. Read, un abogado de los trabajadores huelguistas, dijo que su "enfoque principal" había sido traducir la orden al español para asegurarse que todos la entendieran. Dijo que la orden anterior no había sido traducida.

Un traductor de los tribunales leyó el documento a los 11 acusados en español, y Carroll prometió darles una copia a todos en ambos idiomas. Robert Erling, alguacil del condado de Chester, dijo más tarde que pondría copias de la orden en ambos idiomas cerca de los sitios de piquete.

Los trabajadores huelguistas van a regresar a piquetear hoy, dijo Gutiérrez. El grupo quizás le pida a los consumidores que boicoteen los champiñones, dijo, y va a convocar a una conferencia de prensa hoy para describir el uso de pesticidas en la industria del champiñón y otros problemas de salud.

Gutiérrez acusó a Kaolin de no colocar baños portátiles cerca de las casas de pizca hasta hace unos cuantos días. Los trabajadores le dijeron que se orinaban, en cambio, en los contenedores de champiñones.

"La próxima vez que los consumidores vayan por sus hongos…deberían pensarlo dos veces", dijo Gutiérrez. "Y lavarlos muy cuidadosamente".

♦ **Los Trabajadores Apoyan Al Boicot De Los Champiñones. Los Trabajadores Quieren una Unión. Los Cultivadores Dicen Que Un Boicot Lastimaría a "Personas Inocentes".**

Por Rich Henson, escritor de planta del y Cindy Anders, corresponsal del Inquirer contribuyeron a este artículo. 15 de abril de 1993.

Líderes laborales de la región de Filadelfia anoche prometieron unánimemente su apoyo al boicot de los consumidores de champiñones cultivados localmente para mostrar su unidad con los trabajadores huelguistas en el sur del Condado de Chester.

El líder de la huelga Ventura Gutiérrez se dirigía a delegados de 55 uniones en el área de Filadelfia haciendo un llamado para apoyo financiero y organizativo.

"Estamos haciendo esto en tributo a los inmigrantes explotados que han pizcado y empacado champiñones desde principios de este siglo", dijo Gutiérrez a los miembros del Concilio de Filadelfia del AFL-CIO, reunidos en Wyndham Franklin Plaza en el centro de la ciudad.

"Todo lo que queremos es reconocimiento (de la Unión)", dijo Gutiérrez.

Joseph Rausher, el presidente de AFL-CIO Filadelfia afirmó: "Este es el tipo de movimiento laboral que recordamos de los '50s y '60s".

Cerca de 140 trabajadores del champiñón, todos ellos mexicanos, estallaron la huelga en Kaolin Mushroom Farms en Kennett Township el Primero de Abril, protestando lo que ellos llaman salarios bajos y condiciones laborales precarias.

Desde entonces, Gutiérrez ha estado tratando de cortejar a políticos del área, líderes cívicos, grupos de Iglesias y a estudiantes universitarios para que apoyen a los trabajadores huelguistas.

Pero de todos los esfuerzos tempranos para conseguir apoyo, muchos están de acuerdo en que el respaldo laboral incondicional es el más esencial para que el boicot y la huelga tengan éxito.

"Es muy crucial", dijo el concejal de Filadelfia Angel Ortiz. "Si no lo obtienen, va a ser una batalla solitaria".

El American Mushroom Institute, la asociación gremial de la industria, ha llamado el boicot como mal informado porque "gente inocente que no tiene papel en la disputa" puede sufrir.

"Si el boicot es efectivo, miles de trabajadores de otras fincas van a ser lastimados debido a la pérdida de trabajo y de su participación en el mercado", dijo ayer temprano Marc Miller, el portavoz de AMI. "En cuanto a los consumidores, ninguno de ellos tienen que ver con las cuestiones de los cultivadores individuales que estén en conexión con el boicot, no van a tener champiñones".

El martes el dueño de Kaolin Michael Pia reafirmó su resolución de mantener fuera a los huelguistas.

"Estoy dispuesto a hablar con ellos acerca de sus inquietudes después de que regresen a trabajar", dijo Pia."Pero no estoy dispuesto a hablar con ellos en el contexto de las negociaciones de la Unión, y no estoy dispuesto a reconocer a la Unión a menos de que haya un proceso formal de elecciones".

Pia dijo que de los 140 huelguistas originales han regresado a trabajar, aunque Gutiérrez disputa eso. Kaolin emplea a 520. Pia dijo que todos los huelguistas han sido reemplazados.

"Estamos un 100 por ciento de empleo", dijo Pia.

Con el apoyo de la fuerza laboral, Gutiérrez predijo que el boicot puede crecer radicalmente en las semanas venideras.

"Solamente se trata de ajustar los mecanismos", dijo. "Sentimos que la relación que hemos establecidos con los trabajadores, de que en un par de semanas podemos llegar desde Nuevo Hampshire a Florida con este boicot, y de ahí al resto del país".

Los esfuerzos organizativos continuaron hoy en Kennett Square, cuando el mitin fue planeado para las 10 a.m. en el Parque Herb Pennock. Se espera que Cuauhtémoc Cárdenas, el líder nacional de Partido de la Revolución Democrática de México quienes muchos mexicanos piensan que le robaron la victoria en las elecciones presidenciales de 1988, hable en el mitin, así como Patricia Soria la Cónsul de México en Filadelfia.

♦ **La meta de los Organizadores llega más allá de la Frontera. Los Combatientes Principales de la Huelga de los Champiñones Comparten Legados Más Cerca a la Tierra. Y ambos se consideran Amigos de los Trabajadores – 19 de abril de 1993 -**

Cindy Anders, The Philadelphia Inquirer

Cuando Ventura Gutiérrez era parte de la mesa directiva escolar en el Valle de Coachella en California, trabajó para que una escuela primaria nueva fuera bautizada con el nombre de un héroe local: César Chávez.

El hijo de trabajadores migrantes de México, Gutiérrez fue voluntario de la incipiente United Farm Workers de Chávez cuando estaba en la escuela secundaria.

Ahora, después de dos meses en Kennett Square, Gutiérrez ha comenzado por su cuenta un movimiento de trabajadores agrícolas, en el área donde la mano de obra mexicana es la columna vertebral de la industria del champiñón.

Desde el 1o. de abril, Gutiérrez ha dirigido a 140 trabajadores agrícolas huelguistas en Kaolin Mushroom Farms en sus demandas por la formación de una nueva unión, la Unión de Trabajadores de Kaolin.

De acuerdo con Gutiérrez, esto no es lo que esperaba cuando planeó su periodo de cuatro meses en el sur del Condado de Chester, pero no se está quejando.

"La química no estaba bien", dijo Gutiérrez. "Y si esto tiene el potencial de revigorizar el movimiento laboral en esta área, estaríamos muy orgullosos".

Fresco de su viaje a México, estuvo en el pueblo semanas antes de que estallara la huelga. Desde el inicio de la huelga, ha estado tratando de establecer solidaridad entre los peones agrícolas normalmente desorganizados. Ha estado fomentando también el apoyo para el boicot al consumo del champiñón.

Gutiérrez, de 44 años de edad, viene a Kennett Square, la autoproclamada "Capital del Champiñón del Mundo", desde su base en el Valle de Coachella en California, la llamada "Capital del Dátil de los Estados Unidos". Allá trabajó con sindicatos independientes de pizcadores de dátiles, empacadores de cítricos, cultivadores de hierbas y pizcadores de chile dispersados a lo largo de la frontera sur.

Invitado al área por el Comité de Apoyo a los Trabajadores, conocido por su acrónimo C.A.T.A., con base en Nueva Jersey, Gutiérrez dijo que vino a establecer un concilio entre los trabajadores del champiñón y enlazarlos con la coalición estatal de trabajadores agrícolas. C.A.T.A está pagando los gastos de Gutiérrez.

Ahora, después de tan sólo dos meses, ha sido lanzado a la fama entre los líderes sindicales y los activistas comunitarios en el área de Filadelfia.

La semana pasada habló durante una reunión mensual de AFL-CIO, apareció en una conferencia de prensa con el concejal municipal Angel L. Ortiz y el representante estatal Mark Cohen (Demócrata, Filadelfia), se reunió con grupos de iglesias y líderes comunitarios y mandó delegaciones—incluidas, en diferentes ocasiones, el líder de la oposición mexicana y la cónsul mexicana en Filadelfia—para reunirse con los dueños de la compañía.

Anteriormente un maestro de quinto año de primaria, casi por terminar su maestría en educación, Gutiérrez ve a Kennett Square como una pieza más en el plan de organizar a trabajadores agrícolas a ambos lados de la frontera.

Al crecer en California, Gutiérrez viaja regularmente a México, visitando a parientes en el estado de Michoacán. "Toda mi vida he estado consciente de las condiciones económicas y sociales de la gente que vive allá", dice Gutiérrez. "Cuando tenía 11 años de edad, hice un compromiso personal para cambiar eso. En ese entonces, no sabía lo que podía hacer, pero se ha ido cristalizando al ir creciendo, y la convicción es más fuerte cada día".

Miembro fundador del Proyecto Organizativo Sin Fronteras, un colectivo de Uniones independientes basadas en Tejas, el trabajo de Gutiérrez en Kennett Square alcanza casi 2,000 millas a los pequeños pueblos mexicanos de los estados de Guanajuato y Michoacán, donde nacieron muchos de los trabajadores del champiñón del Condado de Chester.

La posibilidad de un tratado de libre comercio y el surgimiento de un candidato presidencial de oposición, Cuauhtémoc Cárdenas en las elecciones de 1988, incentivaron a Gutiérrez en trabajo de tiempo completo organizando a los trabajadores agrícolas mexicanos, quienes dice que pueden llegar a ser una fuerza política en el futuro.

Es su visión que haya una red gigantesca de trabajadores agrícolas mexicanos a lo largo de la frontera sur desde California hasta la Costa Este. Para organizar a estas personas eficientemente, dijo Carlos Marentes, presidente de la Unión de Trabajadores Agrícolas en El Paso, Tejas, uno necesita ir a dónde están los trabajadores.

"Ya que los trabajadores viven en ambos lados de la frontera, hemos empezado a trabajar en ambos lados de la frontera", dijo Marentes, quien conoce a Guitérrez desde 1980. "Ventura entiende eso, y ha sido uno de los más activos en este trabajo, y el más creativo".

Entre las interacciones de la unión con más éxito están los empacadores de cítricos en Yuma, Arizona; los empacadores de dátiles en Coachella, California; los pizcadores de hierbas en Oceanside, California y los pizcadores de chile en Nuevo México.

Gutiérrez tiene sus propias teorías en organizar, pero todavía usa los métodos comprobados de sentadas en protesta, huelgas y marchas de protesta para atraer la atención a la situación de los trabajadores.

Aquí, con el apoyo legal de los Amigos de los Trabajadores Agrícolas y la ayuda organizativa de C.A.T.A., Gutiérrez ha hecho visible la huelga como lo más teatral que puede, redadas montadas en cobertizos de los champiñones, llamada a los Teamsters quienes hablan rudo, usar a políticos de Filadelfia, Harrisburg y México para mantener un gran interés y llegar a la moral de esferas altas.

"Me he dado cuenta que la vida es corta y no quiero perder ningún segundo de ella", dijo Gutiérrez. "Trato de ser decente con todos, hasta que me convierten en su enemigo. Solamente tomar ventaja de las personas como seres humanos, como lo hacían en Kaolin, y me convertiré en su enemigo en un cerrar de ojos".

♦**La Huelga del Champiñón en el Condado de Chester Cobra una Vida más Larga. Todo lo que querían era que su Unión fuera Reconocida. Sin embargo, la Huelga puede tener Implicaciones Mayores – 18 de abril de 1993 – Sandy Bauers y Michael Matza, The Philadelphia Inquirer.**

En un día rutinario, los trabajadores del turno de la mañana de Kaolin Mushroom Farms en el sur del Condado de Chester están dentro de los cobertizos empapados y caídos a las 5 a.m., pizcando champiñones.

Ahí, se doblan y estiran dedos y cuchillos volando en un frenesí bien practicado sobre las camas amplias, cosechando las protuberancias blancas del compost.

Pero el primero de abril no fue un día rutinario afuera de las rejas de la compañía Kaolin.

Esa mañana, 140 trabajadores—todos hispanos—se reunieron en el parque cerca de la planta champiñonera y miraron a su alrededor con algo de confusión. Parecían estar sorprendidos de su audacia.

Estaban en huelga.

Dos semanas después, estos mismos hombres y mujeres estaban agitando sus brazos durante una manifestación en Filadelfia, rodeados por cámaras de televisión y siendo aplaudidos por líderes de sindicatos.

Allá, los pizcadores de champiñones seguros de sí mismos gritaron: ¡"Queremos Unión"!

La unión laboral bisoña atrajo el apoyo de 55 sindicatos de trabajo, junto con algunos de los políticos de Filadelfia, activistas religiosos y estudiantes universitarios, all convocar un boicot a la industria de los champiñones frescos.

La cónsul mexicana de Filadelfia trató de mediar. Incluso un ex candidato presidencial mexicano marchó a las oficinas de la compañía Kaolin, instando a la negociación con los huelguistas.

Repentinamente, lo que comenzó como una simple protesta para el reconocimiento de su Unión, se convirtió en algo más grande.

La huelga —que se desarrolló con el fondo del propuesto pacto de libre comercio de Norteamérica y cuando estaba pendiente la legislación estatal y federal para aumentar los derechos de los trabajadores agrícolas- podría tener implicaciones más amplias, no solamente para la industria de champiñón con ganancias anuales de $256 millones de dólares, sino para el campo laboral en su totalidad.

"Es posible", dijo el profesor de trabajo de la Universidad del Estado de Pensilvania Tom Juravich, "que esta huelga pequeña pueda cobrar una vida mucho más grande de lo que se podría esperar".

¿Cómo llegó esto a ser posible?

El dueño de Kaolin Michael Pia culpa a un hombre, Ventura Gutiérrez, un organizador de trabajo agricóa de California que vino aquí por invitación del Comité de Apoyo a los Trabajadores Agrícolas en Nueva Jersey.

"El caballero (Gutiérrez) se aparece en mi puerta un día y le dice a mi gente que le corté sus salarios", dijo, "Les llena la cabeza con ideas erróneas."

Gutiérrez lo ve de manera diferente.

"La actitud del dueño es ver a los trabajadores como parte de una maquinaria, no como seres humanos, no como su igual", dice. "Pero ellos van a regresar a trabajar como seres humanos con orgullo dignidad. Lo que es importante no es que ganen $6 ó $7 por hora, pero que tengan derechos y que sean respetados.

Pia y más o menos otros 100 dueños de fincas de champiñones se ven a ellos mismos como proveyendo mejores trabajos y paga de lo que podrían recibir los trabajadores en México.

Aquí, en Kennett Square, la autoproclamada Capital del Champiñón en el Mundo, Kaolin es la operación más grande, produciendo cerca del 15 por ciento de la cosecha local.

La compañía de Pia ofrece a sus trabajadores hasta 12 semanas de ausencia anual y una semana de vacaciones pagada, después de un año de trabajo. Alrededor del tiempo del paro, aumentó pago por días feriados y un plan médico estilo cafetería.

Aún así, la cosecha del champiñón es un trabajo extenuante en el cual en un buen día un trabajador de Kaolin puede ganar $55 por pizcar 500 libras – para los pizcadores no hay salarios por hora, solamente $1.10 por caja de 10 libras. Muchos de los trabajadores viven en tráilers y apartamentos abarrotados sin agua corriente. Están aislados por la pobreza y la barrera del idioma.

No ha habido una huelga de pleno derecho en la industria del champiñón en el Condado de Chester en 20 años, de acuerdo a Dotti Wilson, una organizadora de la fuerza laboral de la Unión Retail, Wholesale and Department Store, que ha sindicalizado a la fábrica de conservas del champiñón local.

Ha habido varios otros paros en el pasado reciente. Pero fueron protestas de corta duración de uno o dos día que atrajeron poca atención.

Esta vez las cosas son diferentes.

Para empezar, está el impacto creciente de la Ley de Reforma y Control de Inmigración de 1986, la cual dio residencia legal en los Estados Unidos a algunos extranjeros.

Muchos mexicanos se aprovecharon de esta ley, echando raíces en el Condado de Chester, trayendo sus familias aquí y tratando de formar una comunidad.

Han pasado de ser una presencia invisible de hombres solteros a una población visible en supermercados, escuelas e iglesias.

Otro factor es el Tratado de Libre Comercio de América del Norte, una propuesta para unificar los mercados de Canadá, México y Estados Unidos.

Gutiérrez, uno de los fundadores del Proyecto Organizativo Sin Fronteras, basado en Texas, dijo que las compañías ahora son multinacionales, y las uniones deberían ser igualmente multinacionales.

La mayoría de los trabajadores de Kaolin provienen de dos estados en México que también se están organizando.

Y luego también hay una propuesta para aumentar las protecciones a los trabajadores agrícolas mediante enmiendas presentadas por el Representante Mark Cohen (Demócrata, Filadelfia) a la ley de Pensilvania de 1978.

"Si estas enmiendas son aprobadas, los trabajadores como los de Kaolin tendrían derechos sustanciales a horas extras, salarios, condiciones de trabajo y desempleo . Las leyes no significan nada sin un apoyo vigoroso y sostenido, y una Unión aumentaría grandemente las oportunidades de eso", dijo Cohen.

Las condiciones se están apareciendo al mismo tiempo que los precios del champiñón están cayendo. Aunque los champiñones siguen siendo una de las primeras cosechas comerciales en Pensilvania, su precio de mercado ha caído – de 77 centavos por libra en 1989-90 a 73 centavos por libra en 1991-92. Pia dijo que se sentía apretado económicamente.

"No estoy diciendo que soy pobre", dijo Pia, "pero ciertamente la industria ha visto mejores días". Incluso así, dijo, sus salarios están en el primer 5 por ciento de la industria.

"Hemos tenido una política de comida barata en E.U.", dijo Jan Carson, de la Asociación de Granjeros de Pensilvania."El pueblo estadounidense ha sido muy afortunado".

Parte de la razón es que hay una provisión lista de fuerza laboral barata.

Con la reforma migratoria que comenzó en 1986, los funcionarios del gobierno predijeron que la fuente de trabajo se reduciría en tanto que a los inmigrantes se les hubieran negado trabajos ya no vendrían. En cambio, un mayor número de trabajadores agrícolas que esperado obtuvieron su status legal de residentes y continuó la afluencia de indocumentados, acrecentando la fuerza laboral potencial.

La gerencia podía reemplazar fácilmente a los trabajadores disidentes durante la ofensiva tradicional de la certificación de la unión.

Es por esa razón que los boicots han sido el arma de predilección de los trabajadores agrícolas huelguistas.

♦Los Trabajadores del Champiñón Demandaron por la falta de pago de Horas Extras en La Acción Federal, Los Huelguistas Dicen que Kaolin Infringió la Ley al no pagarles Horas Extras – 20 de abril de 1993 – Rich Henson, The Philadelphia Inquirer

Los trabajadores huelguistas del champiñón entablaron ayer una demanda en el tribunal federal en Filadelfia alegando que Kaolin Mushroom Farms en Kennett Square no pagó horas extras a algunos de los trabajadores que cualificaban para ello, en incumplimiento de las regulaciones federales y estatales.

La demanda cubre a aquéllos empleados quienes trabajaron en la operación de empacado y procesamiento en Kaolin.

Mientras que la mayoría del trabajo agrícola está exento de los requisitos de las horas extras, de acuerdo a la demanda, algunos de los empleados de Kaolin empacaron y procesaron champiñones producidos por otros cultivadores. Cuando esto ocurre, dice la demanda, Kaolin está requerida a pagar tiempo y medio por todo trabajo que sea en exceso de 40 horas a la semana.

Arthur N. Read, un abogado de Amigos de los Trabajadores Agrícolas, quien entabló la demanda a nombre de los trabajadores huelguistas, dijo ayer en una entrevista que Kaolin no le ha pagado horas extras a los empacadores y procesadores por lo menos en los últimos tres años, cuyo periodo de tiempo todavía está dentro del estatuto de limitaciones.

Read dijo que Kaolin paró esta práctica el mes pasado, cuando empezaron las actividades organizativas de la Unión.

El dueño de Kaolin, Michael Pia declinó comentar, diciendo que no ha visto la demanda.

Peggy Browning, una abogada en asuntos laborales, de Filadelfia quien entabló la demanda con Read, dijo que era difícil determinar exactamente cuánto se le pagaba exactamente a los empacadores, Algunos, dijo, parece ser que les pagan menos del salario mínimo, en tanto otros obtienen más.

Por otra parte, los pizcadores ganan $1.10 por cada canasta de 10 libras de champiñones que recogen. Los trabajadores experimentados pueden llenar entre 30 a 40 canastas por día.

Cerca de 140 trabajadores de Kaolin se fueron al paro el primero de abril exigiendo el reconocimiento de la unión. Algunos han regresado.

En otro asunto, se espera que los huelguistas decidan hoy si se van a afiliar a alguna de las cuatro Uniones que les han ofrecido el ingreso, estas son: United Food and Commercial Workers; Retail, Wholesale and Department Store Union; United Steel Workers y Teamsters.

Kaolin y los trabajadores han entablado demandas unos contra otros ante la Junta de Relaciones Laborales de Pensilvania, alegando prácticas laborales injustas.

♦Kaolin Obtiene Enlace Laboral. La creciente Operación del cultivo del Champiñón ha contratado a un Director de Relaciones Laborales. Ella Quiere Hablar – 28 de abril de 1993 - Sandy Bauers, The Philadelphia Inquirer

En un movimiento que un líder laboral calificó como "alentador", Kaolin Mushroom Farms contrató a una directora de relaciones laborales— la primera en la compañía del Condado de Chester donde 140 trabajadores se lanzaron a la huelga el primero de abril.

La directora, Elaine Girod Marnell, dijo que el establecer un diálogo que incluya a los trabajadores, la compañía y la comunidad era una solución a los problemas laborales actuales. Dijo que rápidamente "hablaría con los empleados y tendría idea de cómo se sienten".

Ayer fue su primer día en el trabajo de la finca de champiñones más grande en el Condado de Chester.

Los trabajadores huelguistas en Kaolin están buscando el reconocimiento de su Unión y se han afiliado con Retail, Wholesale and Department Store Union (RWDSU).

La mayoría de los trabajadores del champiñón de Kennett Square son mexicanos. Marnell, de 43 años de edad y residente de Wayne, habla español y tiene lazos con Puerto Rico. Sus padres y muchos otros parientes son de la isla y de joven pasaba los veranos allá. Dijo que se familiarizó con los asuntos en la industria cuando estaba trabajando en relaciones laborales de 1976 a 1978 para Grocery Store Products cuando operaba una finca de champiñón en el condado de Chester que ahora es propiedad de la familia Pia, los dueños de Kaolin.

Charles Valenta, presidente del Local 1034 de RWDSU, dijo que el haber agregado a la directora de relaciones laborales al personal de Kaolin's "suena alentador".

Sin embargo, el líder laboral Ventura Gutiérrez criticó la posición diciendo que Marnell "probablemente sería un Rafael Ramos "interno", refiriéndose al ministro hondureño menonita contratado por muchas compañías, incluida Kaolin, para actuar como enlace entre los cultivadores y los trabajadores hace algunos años.

Cuando Gutiérrez vino al área a principios de este año, apodó a Ramos como "La Garrapata", en referencia a la habilidad del insecto de chupar la sangre.

Gutiérrez estuvo ayer en un choque ligero de auto. Él y otros trabajadores fueron detenidos en la intersección en la Ruta 30, camino a hablar con los estudiantes de la Universidad de Villanova, cuando su carro fue chocado por detrás, de acuerdo a Teresa Niedda, quien es una voluntaria de trabajo de campo e iba manejando el carro. No hubo un informe de la policía de Lower Merion disponible. Una portavoz del Hospital Bryn Mawr dijo que Gutiérrez fue evaluado pero no admitido.

El dueño de Kaolin Michael Pia dijo que había estado buscando un director de relaciones laborales desde el año pasado.

♦ **La Huelga del Champiñón, el Colectar Champiñones nunca será un Picnic. ¿Pero el Grupo de Trabajadores tiene que estar tan Sombrío? – Primero de mayo de 1993**

Manejando por la Ruta 1 el sábado pasado hacia Kennett Square, "La Capital Mundial del Champiñón," fue fácil ser atraído al Museo Phillips del Champiñón y tienda de regalos. En exhibición, en la tienda de regalos había corbatas con champiñones por $20 cada una, estatuas en forma de champiñones para el césped por $60 y una hielera para hielo de aluminio martillado por una suma considerable de $150.

Todo esto sugiere que todavía hay oro en las setas venenosas que crecieron por generaciones en la tierra de cultivo ondulada del Condado de Chester alrededor de Kennett Square – un área tan pintoresca que has sido hogar por largo tiempo a terratenientes de la región y, más recientemente a los nuevos ricos de Wilmington y Filadelfia que aspiran al status de aristocracia rural.

En desacuerdo con ese retrato de vida adinerada hubo unos cientos de miembros de la unión vistiendo pantalones de mezclilla, marchando a través de Kennett Square en apoyo a los trabajadores huelguistas mexicanos. Los trabajadores ayudan al cultivo de los champiñones que son parte de una industria generadora de $256 millones anuales en el estado de Estados Unidos más prolífico en la producción champiñonera.

Dentro de la tienda de champiñón los dependientes no tienen virtualmente afinidad con los pizcadores y empacadores del champiñón, quienes están exigiendo mejores prestaciones médicas, condiciones laborales más seguras, mejoramiento de salarios y reconocimiento como una unión auténtica.

"Pueden ganar $14 por hora si quieren trabajar", una mujer se quejó. "Mandan la mitad de su dinero a México y esperan vivir de la otra mitad." Una tercera dijo que su esposo, quien tiene una granja pequeña de champiñones, no tendría ganancias si cumpliera con la demanda de salarios más altos y beneficios.

Fuera de South Street en Kennett Square, un guardia de seguridad atendía la entrada a las oficinas centrales de Kaolin Mushroom Farms Inc., el negocio más grande de champiñones en la región, que fue el blanco de la huelga iniciada por unos 500, trabajadores no sindicalizados el primero de abril. Los hermanos John y Michael Pia han sido los dueños de estas granjas por 10 años.

Llamado por el guardia, John Pia dio su versión sobre la disputa. Dijo que los trabajadores cosechan un producto altamente perecedero con una vida de alacena de cuatro a cinco días. Por consiguiente, sus competidores se encuentran dentro de un radio de 1,000 millas al este de Mississippi y 95 por ciento de ellos no tienen sindicatos de trabajadores. Él cultiva alrededor de 60,000 libras de champiñones al día con un margen de ganancia ajustado de 2 1/2 a 3 centavos por libra.

A los trabajadores, dijo, les pagan $1.10 por cada caja de 10 libras que puedan pizcar y ganan un promedio de $18,000 al año. Cuando exigieron un aumento y prestaciones médicas en marzo, los hermanos Pia les ofrecieron un "plan de salud tipo cafetería" más un aumento salarial.

El dueño luego ofreció un recorrido por una de las fincas de champiñones hechas de bloques de hormigón, de techo inclinado. Dentro estaba fresco y húmedo y olía a estiércol y cloro. Los hongos son cultivados en tres a cuatro plataformas en camas de madera tipo litera miden 45 pies de largo y 6 pies de ancho. El Sr. Pia dijo que las fincas de hongo están típicamente bien iluminadas y con aire acondicionado confortable en el verano y con calefacción en el invierno.

Si trabajar para los Pias es tan agradable, los forasteros quizás se pregunten por qué 140 trabajadores, muchos con esposas e hijos que mantener, arriesgarían su sustentos para estallar una huelga.

Una razón fue que no les ofrecieron un plan médico hasta que los trabajadores hicieron el paro, y no cubre a los familiares de los trabajadores. También, a diferencia de otros cultivadores, los Pias no proveen vivienda a los trabajadores.

Luis Tlaseca, de 37 años de edad, uno de los líderes locales de la huelga, que se enfrenta a cargos de traspaso criminal, vive cerca de la finca de champiñones en un un complejo habitacional deteriorado, en un apartamento de dos recámaras. Dijo que, su esposa y sus tres hijas duermen en un cuarto, mientras que otros cuatro trabajadores del champiñón comparten la segunda recámara. Este acuerdo le permite pagar su renta, manejar una camioneta vieja y sudar la gota gorda para todo lo demás.

El Sr. Tlaseca, quien ha estado pizcando por ocho años, dijo que gana cerca de $5 por hora—un poquito más que el salario mínimo—y repetidamente sufre cortadas en sus manos tratando de pizcar y cortar los champiñones todavía más rápido. Cuando resultó lesionado después de caerse de la orilla de una cama superior de champiñones – una lesión no poco común – perdió la paga de una semana . Dijo que otros con lesiones más graves simplemente pierden sus trabajos.

Los trabajadores alegan que los Pias han tratado de incrementar sus ganancias en años recientes "con el sudor" de ellos. Dicen que se hizo esto mediante el aumento del número de champiñones que deben pizcar para llenar una caja rebosante, requiriendo que los champiñones sean arreglados cuidadosamente en las bandejas y forzándolos a limpiar las casas del champiñón sin pago adicional, un trabajo que antes era realizado por contratistas.

Los cargos de accidentes que no se reportaron, incumplimiento con los estándares laborales y el fracaso de dar seguimiento a las demandas de compensación de los trabajadores, están en litigio, pero justifican la investigación por parte de las autoridades adecuadas.

Incluso dando crédito a los Pias y a los cultivadores, parece claro que los pizcadores del champiñón tienen poca protección bajo las leyes estatales, laboran en un trabajo sucio, extenuante y peligroso.

En medio del apoyo para un boicot apoyado por la unión, tiene lógica para los cultivadores de Pensilvania buscar un acuerdo razonable que pudiese mejorar el pago y las condiciones sin perjudicar a su industria.

♦ Una Larga Caminata por Una Causa – 11 de mayo de 1993 – Ron Cortes – The Philadelphia Inquirer

Dirigiéndose a Harrisburg – aproximadamente a 115 millas de distancia a lo largo de la Avenida Lancaster en Filadelfia. Los marchistas, quienes se fueron a la huelga en Kaolin Mushroom Farms en Kennett Square, iniciaron su marcha ayer en el Ayuntamiento de Filadelfia. Cuando lleguen a la capital del estado planean cabildear por una legislación que pudiera hacer más fácil que los trabajadores del champiñón se unan a una unión.

Cortesía del periódico El Hispano de Filadelfia

♦ **Una Huelga Agita al País de los Hongos – 20 de mayo de 1993 – Michael DeCourcy Hinds - The New York Times**

KENNETT SQUARE, Pa., 20 de Mayo— Falló una huelga de 140 trabajadores mexicanos que buscaban ser reconocidos como una Unión por uno de los muchos cultivadores de champiñón en la región. Pero ha hecho recientemente que otras personas aquí en esta región pudiente sean conscientes de los trabajadores y su trabajo tedioso y cómo los tratan los cultivadores.

Los cultivadores de los champiñones en la región, la cual se autodenomina "la capital mundial del champiñón," han enfrentado un cuestionamiento público intenso y crítico acerca de cómo tratan a los trabajadores. Trabajan todo el año durante 10 ó más horas, 6 y 7 días a la semana.

Un pago semanal raramente excede $300, y la mayoría de los trabajadores mandan una gran parte de sus ganancias a sus parientes en México, dejándoles solamente con el mínimo para vivir en esta municipalidad de 138 años de antigüedad notoria por sus fincas de caballos y casas de piedra. Algunos viven en dormitorios.

Hay de 3,000 a 4,000 trabajadores del champiñón mexicanos en el Condado de Chester, el cual tiene una población de más de 300,000 habitantes. Están aislados en gran medida por su idioma y cultura, y sus hijos asisten a escuelas públicas sin programas bilingües.

Cerca de una cuarta parte de los trabajadores viven en dormitorios que los cultivadores les proveen. Es resto vive generalmente en apartamentos comunales abarrotados en barrios pobres en esta comunidad de 5,200 personas, incluidos algunos solamente a unas cuantas cuadras del Distrito Histórico de Kennett Square, donde las casas victorianas que están a la sombra de las acacias blancas.

El cultivo comercial del champiñón en esta área a 30 millas al oeste de Filadelfia se remonta un siglo a la época de los colonos cuáqueros y holandeses de Pensilvania desarrollaron los cuartos interiores oscuros que permitieron la producción masiva de que lo que previamente había sido considerado una delicadeza especial. Los cultivadores del Condado de Chester producen ahora un cuarto de la cosecha nacional de champiñones, con todo el trabajo realizado en el interior de las fincas.

La huelga, que empezó el primero de abril, fue en contra de Kaolin Mushroom Farms para protestar por la escala salarial nueva impuesta por Kaolin. Pero evolucionó a una huelga cuya intención era ganar el reconocimiento a un grupo de negociación, Retail, Wholesale and Department Store Union. La unión proveyó a los trabajadores con $100 semanales durante la huelga de cinco semanas.

De los 140 huelguistas, solamente 40 regresaron a trabajar en la finca Kaolin; 33 fueron despedidos por traspasar durante la huelga y 60 encontraron trabajo en otra parte o regresaron a México. Los trabajadores despedidos continúan piqueteando, pidiendo que les den su empleo de nuevo. La semana pasada organizaron una marcha de 12 millas desde Filadelfia a Harrisburg, la capital del estado para publicitar su causa.

En un foro público a rebosar realizado en Kennett Friends Meeting aquí el 7 de mayo, unos cuantos días después de que terminó la huelga, los trabajadores de Kaolin se quejaron del salario precario, los beneficios escasos y las condiciones laborales que dijeron que son inseguras y antihigiénicas. Muchos de los trabajadores huelguistas que reconocieron que tuvieron que orinar en las camas de los champiñones porque los baños en la finca Kaolin estaban muy lejos.

Como Las Uvas de la Ira

"Es como 'Las Uvas de la Ira'", dijo Ree Redifer, un artista que estaba bebiendo una cerveza el otro día en Kennett Square Inn en State Street.

Thomas Macaluso, un profesor universitario de inglés que opera una tienda de libros anticuarios en la calle South Union, dijo, "En esta pequeño pueblo con esta industria uno puede ver la imagen sociológica de la opresión y como funciona".

Una trabajadora, María Díaz, dijo en una entrevista que las horas largas que trabaja trastornaron su vida familiar, "Nunca veo a mi hijo despierto excepto los domingos," dijo la Sra. Díaz, de 33 años de edad. "Se siente solo, ¿pero qué puedo hacer? Necesito el dinero".

Los cultivadores y sus partidarios disputan fuertemente las críticas de sus operaciones. "Aquéllos que llaman a esto explotación simplemente están desinformados o mal informados", dijo C. James Yeatman, un cultivador de tercera generación cerca de West Grove. El Sr. Yeatman, quien en los 60s ayudó a liderar una campaña para integrar la piscina de la comunidad abriendo su propia piscina para familias negras, añadió, "No veo ninguna similitud entre el movimiento de los derechos civiles y la situación de los mexicanos".

El Sr. Yeatman dijo que los trabajadores mexicanos vinieron aquí por su propia elección, trabajaron voluntariamente largas horas y sabían los desafíos que enfrentaban cuando trajeron a su familia con ellos.

Una Necesidad para Sanar

Jamie L. Tyson, la representante de los cuáqueros en relación con las problemáticas de paz y justicia en el condado de Chester, comentó: "Ha habido palabras duras, acciones duras y cosas falsas dichas por ambas partes. Cuando termine todo esto, va haber bastante necesidad de sanar en la comunidad".

Kaolin Mushroom Farms es típica de las operaciones del champiñón aquí. En vez de una granja tradicional o campos de cultivo y pasturas, es una bodega grande sin ventanas, con una temperatura de 61 grados todo el año.

Es una madriguera oscura de camas cavernosas llenas de camas largas de champiñones, amontonadas seis o siete pies de alto como camas literas gigantes. Los trabajadores llenan las camas con un abono acre de paja, estiércol y otros materiales orgánicos que han sido plantados con esporas de champiñones.

Los capuchones de los champiñones comienzan a aparecer en aproximadamente seis días. Luego, por los siguientes 60 día más o menos, los pizcadores cortan cada champiñón a mano usando un cuchillo, abriéndose camino a lo largo de los "barandales de pizcadores" de madera que son solamente de una pulgada de ancho y tan altas como diez pies del suelo.

♦Las Fincas de Champiñones comenzaron en Abril. La Contienda por los Votos de los Trabajadores fue Extenuante – 28 de mayo de 1993 – Cindy Anders, Corresponsal de The Philadelphia Inquirer

En una elección pacífica, cerca de 410 trabajadores de las Fincas de Champiñones de Kaolin en el condado de Chester votaron ayer para decidir si la unión que comenzó una huelga de 30 días la va a representar oficialmente.

Los resultados de la elección de la Unión, que fue establecida por la Junta de Relaciones Laborales de Pensilvania (PLRB), no estarán disponibles durante varios días. La PLRB incautó las papeletas electorales cuando la elección terminó a las 6 p.m., y no va a contar los votos hasta que haya decidido cuáles son válidos.

Vistiendo camisetas que dicen "Unión, sí", en el frente muchos partidarios de la unión se reunieron en el parque cerca de las instalaciones de Kaolin en Kennett Square para hablar de la elección.

"Todo está en calma adentro", dijo Armando López, un pizcador de champiñones que votó en la mañana. "Mucha gente ha votado en la mañana".

Michael Pia, presidente de Kaolin Mushroom Farms, dijo que cree que la elección estuvo bien y que espera que las papeletas podrían ser contadas pronto.

"Creo que todos quieren que esto sea decidido", dijo Pia, quien sostuvo reuniones en tres sitios de la compañía durante la semana para hablar del voto. "Queremos regresar a la normalidad".

La Unión de Trabajadores de Kaolin, que pidió el voto de la PLRB, solicitó una elección rápida. Debido a esta petición, la elección tuvo que realizarse en 20 días, lo que no le dio tiempo a la PLRB time para solucionar disputas entre la Unión y la compañía en cuanto a cuales trabajadores eran elegibles para votar.

Como resultado, todos los trabajadores de Kaolin, incluidos los grupos que la Unión y la compañía no pensaron que deberían haberles permitido participar, les fue permitido votar. Los votos en disputa fueron metidos en sobres especiales y pudieron o no ser incluidos cuando se realizó el conteo final, dependiendo de las decisiones que tome la PLRB.

Por más de tres semanas, la compañía y la Unión han hecho campaña entre los trabajadores, teniendo reuniones especiales en la compañía, visitas a los hogares y almuerzos. Cada una de las partes se ha acusado mutuamente de haber hecho promesas falsas, de intimidación y de difundir desinformación.

Aunque el ambiente estuvo tenso los días previos a la elección, de acuerdo con los partidarios de la compañía, el voto comenzó calladamente a las 4 a.m. en las tres instalaciones de la compañía y continuó por turnos durante el día.

Los funcionarios de PLRB y los observadores de las elecciones de la compañía y de la Unión monitorearon la elección.

La compañía arguye que se le debería permitir votar a la fuerza laboral contratada y a los trabajadores de mantenimiento.

Kaolin Mushroom Farms también dijo que desafiaría los votos de 32 pizcadores de champiñón quienes fueron despedidos durante la huelga por supuesta actividad criminal y no se les permitió regresar a trabajar.

La Unión, por otra parte, argumenta que solamente los votos de trabajadores y empacadores de champiñón de tiempo completo y de medio tiempo deberían ser contados. No quiere que los trabajadores de reemplazo, muchos de ellos inmigrantes vietnamitas y camboyanos contratados por medio de contratistas de trabajo laboral agrícola de Filadelfia durante la huelga, tengan votos elegibles. Ambos grupos cuestionan si los empacadores y transportistas realmente están bajo la jurisdicción de la Junta Nacional de Relaciones Laborales.

La PLRB solucionará estas disputas durante las audiencias con los abogados de ambas partes.

Más de 140 trabajadores de champiñón, la mayoría de ellos mexicanos, se fueron al paro en una de las plantas de Kaolin en abril para exigir el reconocimiento de la Unión y para protestar en contra de la escala de pagos nueva de Kaolin y las condiciones laborales. Pero la compañía se rehusó a reconocer a la Unión de Trabajadores de Kaoli, recién formada, sin una elección de la PLRB.

1994

♦ **Para los Trabajadores Agrícolas, Un Año en Limbo. La Batalla de la Unión de Trabajadores de Champiñon está en las Calles y en la Arena Legal. Hoy comienzan las Audiencias Federales.**
Por Sergio R. Bustos, Escritor de Planta del Philadelphia Inquirer- 18 de mayo de 1994

Tras una huelga dramática de 30 días, que capturó la atención nacional hacia los trabajadores agrícolas, la batalla entre cultivador trabajador agrícola se ha mudado ante la Junta de Relaciones Laborales de Pensilvania. Ahora los abogados discuten en salas para audiencias.

Ambas partes han intercambiado documentos legales, acusándose entre ellos de prácticas laborales injustas.

Los funcionarios de Kaolin dicen que la conducta de las elecciones de la unión el verano pasado fue ilegal y quieren una elección nueva.

Por su parte, Michael Pia, el presidente de la compañía, dice que está convencido que la Unión es innecesaria en Kaolin y que sus trabajadores no quieren una.

Pia dijo que la relación con sus trabajadores es sin par, ya que les ha ayudado no solamente dentro del lugar de trabajo, sino también fuera. Dijo que la unión no haría lo mismo.

"Tenemos un incentivo, un deseo de ayudar a nuestros empleados", dijo Pia."No creo que una unión vaya a tener el mismo interés".

En tanto, los trabajadores, quienes votaron en julio para representación de la Unión, quieren que se reconozca oficialmente a la Unión. El voto siguió a la huelga, la cual comenzó el primero de abril de 1993, cuando 140 trabajadores se fueron al paro. Cerca de 80 fueron contratados de nuevo en Kaolin. Los otros encontraron otro trabajo, o regresaron a México o están desempleados.

Se espera que la junta laboral estatal, la cual ha realizado audiencias desde septiembre en West Chester, dará su fallo en las alegaciones de prácticas laborales injustas y si la elección de la Unión fue válida. Hasta que esas cuestiones no se resuelvan, la junta no certificará los resultados de las elecciones.

A su vez, la junta federal que tiene un papel menor, decidirá si un puñado de trabajadores quienes empacan champiñones para envío fueron despedidos ilegalmente antes de la huelga. También decidirá si la compañía trató de disuadir a un trabajador de unirse a la unión al ofrecerle mayor pago. Esas audiencias comenzarán esta mañana en Filadelfia y no se espera que se resuelva pronto alguno de los otros asuntos legales.

"El proceso del derecho laboral es insoportablemente lento – y, para los trabajadores agrícolas es dolorosamente lento," dijo Arthur Read, un abogado de Amigos de los Trabajadores Agrícolas, quien está representando a los trabajadores de Kaolin.

Cortesía del periódico El Hispano de Filadelfia

El comité ejecutivo recién formado de la Unión de Trabajadores de Kaolin no solamente hará historia, pero también completará lo que ha sido una lucha de ocho años y medio para que se reconociera la unión y luego en acordar un contrato colectivo con el patrón.

La firma de contrato colectivo está programada para tener lugar en la oficina de C.A.T.A., el Comité de Apoyo de los Trabajadores Agrícolas, el cual ha ayudado a la Unión de trabajadores para mejorar sus condiciones de vida.

La lucha comenzó en abril de 1993 cuando los trabajadores del champiñón de Kaolin se lanzaron a la huelga para protestar en lo que ellos dijeron eran normas laborales injustas, y al mismo tiempo votaron para formar su unión, la Unión de Trabajadores de Kaolin (KWU).

Ahora, después de dos años de negociaciones, la unión firmará su primer contrato colectivo con Kaolin Mushroom Farm, haciendo que KWU fuera el primer grupo de compañías del champiñón en organizarse y ganar el derecho de negociar colectivamente un contrato.

Aunque otras compañías del champiñón en el estado han disputado el derecho de sus trabajos para organizarse y ser protegidos por la Junta de Relaciones Laborales de Pensilvania el 25 de julio de 2001, la Suprema Corte de Pensilvania emitió un fallo ratificando la protección de los trabajadores del champiñón bajo la PLRB.

Trabajadores del champiñón en Pensilvania suman aproximadamente 5,000, y el estado suple aproximadamente 40 por ciento de la producción de champiñones en los Estados Unidos.

Representantes de la finca Kaolin Mushroom y C.A.T.A. no estuvieron disponibles para un comentario por la tarde del lunes.

Cobertura de los periódicos locales

Cortesía del periódico El Hispano de Filadelfia

¡Triunfo de trabajadores de los hongos!

Por Leticia Roa Nixon
El Hispano 22/28 de julio de 1993 No. 29 Volumen XVII

124 vs 101 Votos

HARRISBURG—La Junta de Relaciones Laborales de Pensilvania llevó a cabo el conteo de papeletas de la votación por la Unión (sindicato) de los trabajadores de la compañía de hongos de Kaolin localizada en Kennett Square.

Debido a que la Unión de Trabajadores de Kaolin había solicitado a la PLRB (Pennsylvania Labor Relations Board) una elección inmediata a realizarse en 20 días, no le dio tiempo a la PLRB arreglar las disputas entre la Unión y la compañía acerca de cuáles trabajadores eran elegibles para votar. Como resultado de ello, se le permitió votar a los 523 trabajadores de Kaolin el 27 de mayo pasado.

En una elección pacífica, 410 personas dieron su voto. Luego vinieron una serie de conferencias de los abogados de ambas partes con los funcionarios de la PLRB para retar las papeletas de los votantes que no eran elegibles.

Por fin, el martes 13 de julio en medio del nerviosisimo y emoción de los trabajadores de los hongos que fueron al conteo, los resultados claramente establecieron que la Unión lleva una ventaja considerable: 124 contra 101.

Aún queda 38 votos retados por la compañía, pero de esos 26 son de los trabajadores que los patrones Pía despidieron por estallar la huelga el pasado primero de abril. Incluso si los 12 restantes, de los 38 retados, fueran a favor de la compañía, la unión seguiría ganando 124 contra 113.
Eso es si las matemáticas no nos fallan.

A pesar de que hay una posibilidad de que los Pía apelen el resultado del conteo final, que se espera se resuelva el próximo mes, la victoria de los trabajadores es irrefutable. Ya que lo más importante fue que hicieron historia con su movimiento, la huelga y su determinación en la lucha por mejores condiciones laborales, algo nunca visto en esta región de los Estados Unidos.

La noticia corrió como reguero de pólvora, a través de llamadas telefónicas y vía fax. ¡Ganamos! fue el grito victorioso entre cientos de personas que apoyaron a los huelguistas desde abril pasado hasta que se supo el conteo de la PLRB.

Ventura Gutiérrez, activista del "Proyecto Organizativo Sin Fronteras" con sede en El Paso, Tejas, quien fue el líder organizativo de la Unión de Trabajadores de Kaolin fue notificado de la noticia. Gutiérrez empezó otro proyecto organizativo precisamente ese mismo día, 13 de julio, en San Luis, Arizona trabajando con más de 200 pizcadores de limón de la compañía Dole Citrus que fueron corridos. Ese caso es más difícil que el de Kennett Square porque Arizona es el único estado de la Costa Oeste donde existe una ley campesina que prohibe el derecho a la huelga.

Debido a lo que se llama "the right to vote", el derecho a trabajar se puede ganar la votación, pero no se puede obligar a tener un sindicato a pesar del contrato colectivo. Gutiérrez informó que irán a la huelga el próximo 13 de agosto.

Respecto a los resultados del conteo de la Unión de Trabajdores de Kaolin dijo: "Ganamos".
Explicó que si la compañía quiere alargar esto va a pedir que los votos retados vayan a juicio con el pretexto de que salgan de ahí cambiados. "Los votos de los 26 corridos son nuestros, si la compañía va a juicio los resultados no van a cambiar. Los patrones pueden alargar meses o hasta un año su campaña para alinear a los trabajadores y desmoralizar a los huelguistas", señaló el líder sindical.

Acerca de la suspensión de los $100 dólares que la RWDSU (Retail, Wholesale and Department State Union) se comprometió a dar a los huelguistas, indicó que existe descontento entre los trabajadores y que la mayoría regresaron a trabajar. La RWDSU los sigue apoyando moralmente. "Cuando se dé la certificación de la Unión de Trabajadores de Kaolin, no a nombre del sindicato, los trabajadores en general, más de 200, decidirán si van a unirse con RWDSU o a mantenerse independientes. Si se crea un conflicto grande yo iré a ayudar a los trabajadores a resolverlo", expresó Ventura Gutiérrez.

Por su parte, Nelson Carrasquillo del Comité de Apoyo a los Trabajadores Agrícolas quien invitó al líder Gutiérez a organizar el movimiento de sindicalización de los trabajadores de los hongos de Kennett Square en febrero pasado, expresó: "Fue un triunfo histórico. Se presentó la solidaridad y la unidad de los trabajadores. Los patrones a lo largo de los años habían intimidado a lso trabajadores y con la victoria lograron un sentido de unidad. Es un hecho histórico de los mexicanos en el noreste del estado de Pensilvania y representa un primer paso de un largo camino en el proceso de unidad y solidaridad.Fue muy importante que los trabajadores hayan vencido el miedo que les inspiraba el patrón".

William Suárez, abogado de la oficina de Friends of Farmworkers en Kennett Square, que estuvo representando a los trabajadores en el conteo manifestó: "Los trabajadores ganaron, Michael Pía tendrá que reconocer que perdió ya que si no cumple con la voluntad de los trabajadores puede haber un descontento que perjudique a la administración de las relaciones laborales. Yo creo que él va acatar la decisión y no decidirá prolongar el proceso mediante una apelación. Lo que tardó el conteo fue que se dejó votar a todo mundo y después se decidió quiénes eran elegibles. Yo creo que al final prevalecerá el triunfo de los trabajadores".

Luis Tlaseca trabajador de los hongos despedido por la compañía coordinó a los demás compañeros que viajaron a Harrisburg para estar presentes en el conteo.

Fue el enlace principal entre C.A.T.A. y Friends of Farmworkers. Acerca de los resultados del conteo expresó: "Fue un placer, fue un gusto muy tremendo. El día de las elecciones los patrones habían amenazado a los trabajadores que llevaran puesta la playera que decía 'Union, Yes' que les habíamos repartido. Les decían que los iban a a correr, que cuando regresaran de México a la compañía no los iban a contratar.

Yo estaba algo asustado no tanto por las amenazas y las presiones, si no porque temía que iba a haber más votos para la compañía que para la Unión, pero no fue así".

Tomás Diego, Alfonso López, Eloy Reyes, Alfonso Aguirre, Artemio Ceja, Luz Delia Rodríguez, Carmen Rivera, Javier Cerrato y Miguel Avalos estuvieron presentes en este momento histórico que celebraremos por mucho tiempo.

Acrónimo dedicado a la Unión de Trabajadores de Kaolin y a su líder

Vencimos de buena ley
En los campos de hongos de Kaolin
Nunca nos rajamos
Trabajadores contra patrones reacios
Unidos peleamos, mexicanos y puertorriqueños
Reafirmando nuestra dignidad
Ante opresores necios

"La Hija del Ahuizote", 1993.

Asociación México expresa su

Opinión y Júbilo sobre victoria en conteo de votos
Por Leticia Roa Nixon
El Hispano 5/11 de agosto de 1993 No. 31 Volumen XVII

FILADELFIA—Una de las organizaciones que apoyó y sigue apoyando a la Unión de Trabajadores de Kaolin desde que ésta se organizó como tal en abril pasado es la Asociación México. Varios de sus integrantes expresan su opinión y comentarios, pero sobre todo, su júbilo por la victoria en el conteo preliminar de los votos para su sindicalización; victoria que se extiende y cobija a todos los trabajadores agrícolas no sólo de Pensilvania sino de los Estados Unidos.

Gilberto Ramos, Vicepresidente: "La huelga puede ser muy importante porque es el comienzo de una pelea, de una batalla para mejorar las condiciones tan inhumanas en que las personas están viviendo. Si la huelga tuvo éxito de tener un sindicato entonces se pueden lograr protecciones básicas que todo trabajador puede tener. La razón de la situación en que están los trabajadores se debe a que la ley es muy incierta.

La Asociación México está trabajando con Mark Cohen (Demócrata) y con el Concilio de Iglesias para apoyar la nueva propuesta legislativa en la que se establecen los derechos que debe tener todo trabajador agrícola.

"En cuanto al resultado de las elecciones la cuestión es que cualquiera que pierda puede apelar. El problema es que hay más de 30 trabajadores que corrieron injustamente al principio de la huelga. Hay un caso pendiente para resolver si los trabajadores despedidos pueden regresar a trabajar en la compañía. Esto lo sabremos en dos meses.

"A nombre de la Asociación México, como mexicanos, agradecemos el apoyo que se le dio a este movimiento. Damos las gracias al Sr. Aarón López [publicador del semanario *El* Hispano],pues gracias a su interés se ha difundido en la comunidad hispana y gracias a la difusión hemos tenido apoyo."

El **Dr. José Castillo** quien encabeza la Vocalía Médica ha prestado servicios médicos a los trabajadores agrícolas de Kennett Square mucho antes de la huelga.

Fue precisamente él quien atendió a los huelguistas heridos cuando estalló la huelga el primero de abril pasado. Gracias a a su llamada telefónica a la redacción de este periódico se cubrió el movimiento de la Unión de Trabajadores de Kaolin desde su inicio hasta la fecha.

Su opinión sobre el triunfo de la Unión es que "este es un evento de repercusión no sólo nacional sino continental. Es el equivalente de la Batalla del Cinco de Mayo en México en 1862 cuando los indios zacapoaxtlas le ganaron al ejército francés invasor que era el mejor del mundo en aquella época. Este triunfo me parece hasta político".

Lic. Javier Aguilar, Secretario:

"Algo que nos sorprendió es que en Estados Unidos donde se dice que hay tanta eficiencia en el cómputo de las elecciones, como las presidenciales, aún no se sabe el resultado final de las elecciones por el sindicato de Kaolin. Toda esta espera me parece innecesaria. No entiendo la razón de meses de espera y me hace sospechar de los resultados. Esto es indignante, sabiendo que hay personas sin trabajo.

"Ahora mismo dentro de la Compañía Kaolin se está llevando una campaña para tratar de que los trabajadores *[que votaron por el sindicato]* cambien de opinión en contra del sindicato que yo mismo testifiqué con affiches, slogans, posters. Me han dicho los trabajadores mismos que se está llevando a cabo una campaña similar a la de antes de la elección con promesas del patrón.

"La votación está fuera del alcance de los civiles. Es una cuestión política. Mi preocupación como residente de este país es a nivel de derechos humanos es que se trata de una injusticia del sistema para quienes están luchando por algo tan legítimo como es su dignificación.

"El resultado de la votación es secundario. Se ha visto la necesidad de cambiar drásticamente el estado de las cosas y de no tratar a la gente como alienada *(alien)*. El mismo nombre es despectivo como si fueran de otro planeta".

David Suro, Tesorero: "Lo primero es felicitar a los muchachos y a toda la gente involucrada en el desarrollo del proceso para sindicalizar a los muchachos. Es importante haber tenido la suerte de que participó gente como Ventura Gutiérrez, Primitivo Rodríguez, el concejal Angel Ortiz, el líder sindical Tom Cronin y Nelson Carrasquillo de C.A.TA. (Comité de Apoyo a los Trabajadores Agrícolas) y Wilfredo Rojas, presidente del Congreso Nacional Pro-Derechos de los Puertorriqueños del capítulo de Filadelfia, entre muchos otros.

"Sin embargo hay que estar conscientes que es parte del proceso que todavía no termina y de la responsabilidad que implica el lema del gran César Chávez, 'Sí se puede' y que se seguirá pudiendo.

"La victoria de los huelguistas es un ejemplo a seguir en la lucha por los derechos de todos los trabajadores migratorios y que su voz sea escuchada y tenga validez.

"Se debe reconocer el rumbo que tomaron las negociaciones a raíz de la visita del Ing. Cuauhtémoc Cárdenas, candidato presidencial mexicano del Partido Revolucionario Demócrata ya que fue relevante para despertar el interés no sólo a nivel local y estatal, sino para el cubrimiento informativo nacional, tanto en los Estados Unidos como en México. "Quisiera expresar tambien un agradecimiento al periódico *El Hispano* por la difusión que le dio a este movimiento".

Vistas públicas para negociar la representación para Kaolin

HARRISBURG—La Junta de Relaciones Laborales de Pensilvania (The Pennsylvania Labor Relations Board –PLRB) fijó las fechas de las audiencias de las elecciones para negociar la representación de unidad para la Compañía de Hongos de Kaolin de Kennett Square.

El horario de las vistas será de 9:30 am o 10:00 am, en la Corte del Condado de Chester localizada en la calle 10 North High, West Chester, en las siguientes fechas:

Lunes, 9 de agosto; Martes, 17 de agosto; Jueves, 19 de agosto; Lunes, 20 de septiembre; Martes, 21 de septiembre; Viernes, 24 de septiembre.

Las vistas se llevarán a cabo para determinar el estado legal de los votos disputados de las elecciones del pasado 27 de mayo. El conteo de las papeletas de la elección llevado a cabo por la Junta de Relaciones Laborales de Pensilvania el 13 de julio arrojó el siguiente resultado: **•124 votos a favor de la Unión (sindicato); 101 votos en contra de la Unión (sindicato); 1 voto nulado; 38 votos retados.**

A trabajadores de los hongos se les aplaude en México

Por Leticia Roa Nixon
El Hispano

MEXICO, D.F.—El segundo Congreso Nacional del Partido de la Revolución Democrática (PRD) se llevó a cabo del 15 al 18 de julio. David Suro, dueño del conocido restaurante Tequila's de la ciudad de Filadelfia asistió como observador e invitado del Ing. Cuauhtémoc Cárdenas, candidato del PRD para las elecciones presidenciales de México en 1994.

Suro ha participado en apoyo del movimiento de la huelga y la lucha por el sindicato de los trabajadores de los hongos de Kennett Square. Precisamente estuvo con el Ing. Cuauhtémoc Cárdenas cuando se entrevistó con el co-propietario de la Compañía Kaolin, Michael Pía, durante su visita a esa localidad con el fin de propiciar un mejoramiento de las relaciones entre los trabajadores y los patrones.

En representación de la Unión de los Trabajadores de Kaolin,

Suro estuvo presente en el congreso del **PRD** y comenta que uno de los eventos más emocionantes es cuando aproximadamenate 2,600 asistentes aplaudieron largamente cuando se leyó la lista de trabajadores de Kaolin en homenaje a su lucha.

"Los principales líderes sindicales latinoamericanos que estuvieron presentes en el Congreso sabían de la huelga y el Ing. Cuauhtémoc Cárdenas me preguntó por ellos durante el saludo diplomático a la comitiva internacional", dice Suro.

Entre los líderes sindicales se encontraban: Lic. José Luis Ojaldo del Comité Central del Partido Comunista de Cuba; Marco Riva de Asuntos Internacionales del Partido de Trabajadores de Brasil, con la representación de Lula, el próximo presidente brasileño; Dr. José M. Pereyra Romano, Secretario de Relaciones Internacionales del Partido Socialista Frente Amplio de Uruguay; Alain Bocquet, miembro de la Comisión de Asuntos Internacionales de la Asamblea Nacional de Francia; Vassilis Konstantineaf, Secretario Alterno Internacional del Partido Socialista Panhelénico de Grecia; Albano Nuñez de Portugal, miembro del Secretario del Partido Comunista Portugués y muchos más.

Carta Abierta

Ayudemos a los Trabajadores de los hongos
Por Javier S. Aguilar, Asociación México
El Hispano 2/8 de septiembre de 1993 No. 35 Volumen XVII

Estimado socio y amigo:

En nuestra asamblea general del 17 de agosto fuimos informados de la situación actual de los trabajadores agrícolas de Kennett Square que fueron despedidos desde abril. Su determinación después de cinco meses de lucha por mejores condiciones laborales sigue siendo digna de encomio.

Estos trabajadores necesitán más que nunca de nuestro apoyo moral. Su esperanza sigue viva toda vez que han ganado las elecciones del mes de mayo. Sin embargo sus patrones han apelado la decisión de la Pennsylvania Labor Relations Bureau a favor de la organización de un sindicato de los trabajadores y están tratando de convocar a nuevas elecciones. Esta estrategia podría echar por tierra la lucha de los trabajadores—un revés que bien podría significar otra década para gestarse.

En vista de lo anterior y de la desventajosa posición en que continúan su lucha laboral, los trabajadores necesitan levantarse el ánimo ante lo desmoralizante de las audiencias en que se delibera la apelación (en West Chester).

Se acordó hacer una caravana de ayuda material a Kennett Square para mostrar nuestra solidaridad como mexicanos y como Asociación México, una de nuestras razones de ser.

Esta caravana/día de campo se fijó para el próximo domingo 29 de agosto. Partiremos de la dirección del Consulado de México al lado de la Calle 5, frente al parque. La hora de reunión es a las 11:45 A.M. para salir a las 12:00 P.M. en punto.

Estás cordialmente invitado(a). La idea es llevar cada quien su comida y más comida para otra. Además, vamos a cooperar llevando algo (o todo) de lo siguiente:

- **Latas** (de preferencia no de las que nos sobre) o alimentos no perecederos.
- **Ropa** (ya viene el frío, revisemos el ático, clósets y demás)
- **Dinero** (cheques a Kaolin Mushroom Workers Fund son deducibles)

Uno de los propósitos de esta visita es darles la oportunidad a quienes aún no han tenido la oportunidad de visitar a nuestros paisanos y platicar con ellos. ¡Les encanta cuando les mandamos saludos!

Si prefieres llegar directamente a Kennett Square, nos congregaremos en el parque anexo a Kaolin Mushroom Farms a las 1:00 P.M.

Si no puedes asistir y deseas enviar un donativo, la dirección es:

CATA, *P.O. Box 246*
Kennett Square, PA 19348
o con David Suro. Para mayor información, favor de llamar al (21) 895-1777

Atentamente,
Javier S. Aguilar
Asociación México

Seis votos más para la Unión de Trabajadores de Kaolin

Por Leticia Roa Nixon
El Hispano 21/27 de octubre de 1993 No. 42 Volumen XVII

HARRISBURG,PA.- El 8 de octubre de 1993, la Junta de Relaciones Laborales de Pensilvania (PLRB-Pennsylvania Labor Relations Board) dio a conocer oficialmente que de 7 votos desafiados por la Unión de Trabajadores de Kaolin, seis son a favor de la misma y uno a favor de la Compañía Kaolin.

Los resultados oficiales anunciados por la PLRB el pasado 13 de julio fueron 12 votos a favor de la Unión, 101 en contra de la sindicalización, uno invalidado y 38 votos desafiados.

Debido a que la compañía Kaolin Mushroom Farm de Kennett Square, a través de su abogado, intentó invalidar ess elecciones para determinar la sindicalización de los trabajadores llevadas a cabo el 27 de mayo, la PLRB ha llevado a cabo audiencias desde el pasado 9 de agosto con el fin de resolver este asunto.

Por su parte, Luis Tlaseca, coordinador de la Unión de Trabajadores de Kaolin, informó que de los 32 trabajadores corridos a raíz de la huelga del primero de abril, diez o doce regresaron a México y los demás están trabajando en otras localidades de West Chester y de Chester o buscando trabajo.

Afirmó que el co-dueño de la Compañía, Michael Pia, continúa su campaña de ganarse la simpatía de los empleados de su empresa productora de hongos para que no sigan luchando por su sindicalización. "Les ha dicho que si tienen problemas con sus supervisores, le avisen de ello. Está planeando poner un comedor para los trabajadores y hasta les ha ofrecido transporte. Eso nunca lo había hecho antes; todo con el fin de convencer a los trabajadores de no sindicalizarse", dijo Tlaseca.

"Pero mi mayor preocupación que quiero dar a conocer a través de *El Hispano* es que hay muchos accidentes de trabajo, tan sólo cuatro en esta semana. El patrón Pia los mandó a atenderse con doctores de la compañía y aunque los accidentados se sienten enfermos, son enviados de vuelta a trabajar y ese es el problema que tenemos ahora", precisó el coordinador de la Unión de Trabajadores de Kaolin.

Debido a las condiciones en que trabajan los pizcadores de hongos, cortando éstos a veces hasta tres o cuatro metros de altura, son frecuentes las caídas resultando en fracturas de las costillas y de las rodillas.

Luis Tlaseca ha estado en las oficinas del Comité de Apoyo a los Trabajadores Agrícolas (C.A.T.A.) en Kennett Square desde que fue despedido de la Compañía Kaolin donde llevaba trabajando varios años. A estas oficinas acuden muchos trabajadores y es así como ha sabido directamente de los accidentados.

En tanto, el abogado defensor de la Unión, Arthur N. Read continúa litigando para que se le otorgue la certificación oficial de la Unión de Trabajadores de Kaolin para posteriormente negociar un contrato colectivo con la compañía. Así, finalmente, los trabajadores contarán con mejores salarios y condiciones de trabajo.

¡La Unión en Kaolin sigue victoriosa!

Por Gabriel Cardona
El Hispano 28 de Octubre / 3 de Noviembre de 1993 No. 43 Volumen XVII

CHESTER—Arthur N. Read, abogado defensor de la Unión de Trabajadores de Kaolin informó que a la fecha los resultados oficiales, de las elecciones efectuadas el 27 de mayo, aprobados por la Junta de Relaciones Laborales de Pensilvania (PLRB) son los siguientes: 130 votos a favor de la Unión, 102 a favor de la Compañía Kaolin y 21 votos desafiados sumando un total de 253 boletas válidas.

"Incluso si los 25 empleados de Kaolin, que fueron despedidos por la Compañía, votasen en contra de la Unión—lo que no es probable ya que eran huelguistas—el triunfo claramente corresponde a la Unión de Trabajadores de Kaolin. Es una simple cuestión de matemáticas", dice el abogado Read.

Sobre el objetivo de las audiencias con la PLRB que se iniciaron el 9 de agosto, manifestó que son dos cuestiones principales las que están en vías de resolución: primero, si fue válido o no de que la Compañía Kaolin haya despedido a 25 empleados; segunda, las objeciones de los dueños de la Compañía a las elecciones realizadas en mayo.

En resumen, estas son las cuestiones que han impedido que la Unión de Trabajadores de Kaolin obtenga la certificación oficial, señaló el abogado defensor. Asimismo, Read indicó que tentativamente las siguientes audiencias se llevarán a cabo el próximo 10 de noviembre, 9 de diciembre y 22 de diciembre. Debido al calendario de actividades de la PLRB, lo más seguro es que las audiencias continúen en enero y quizás febrero de 1994.

Por otra parte, la Compañía está aprovechando la situación para causar división entre los trabajadores para que de esta manera pierda fuerza su movimiento laboral que los llevó a la huelga el pasado primero de abril.

"El patrón Michael Pia reemplazó a los trabajadores más militantes con aquéllos menos militantes", dijo Wilfredo Rojas, presidente del Congreso Nacional Pro-Derechos de los Puertorriqueños, Capítulo de Filadelfia.

Rojas es uno de los activistas que ha apoyado desde el principio a los trabajadores de la industria de hongos en Kaolin en su lucha por mejores condiciones de trabajo y salario. "Es necesario qoue continuemos las marchas a Kennett Square para manifestar nuestra solidaridad y apoyo a los trabajadores de la Unión", expresó Wilfredo Rojas enfáticamente.

Tercer reconocimiento a la Unión de Trabajadores de Kaolin

Por Alma de Jesús Limas
El Hispano 11/17 de Noviembre de 1993 No. 45 Volumen XVII

SOUTHAMPTON—La organización PHILAPOSH otorgó un

reconocimiento a Luis Tlaseca, coordinador de la Unión de Trabajadores de Kaolin por su esfuerzo en la lucha de los trabajadores de la industria de los hongos de Kennett Square para obtener mejores condiciones salariales y laborales.

Wilfredo Rojas, presidente del Congreso Nacional Pro-Derechos de los Puertorriqueños, Capítulo de Filadelfia, propuso a Luis Tlaseca a la PHILAPOSH por su historia de lucha como trabajador migratorio desde que estuvo en Washington y ahora en Pensilvania. "Es una de las personas que ha sido parte del motor generador de la huelga de los trabajadores de la Compañía Kaolin; se ha ganado el respeto de sus compañeros y además es una persona sencilla", dijo Rojas.

Durante la cena de reconocimiento en el Local 252, de la Unión de Trabajadores de Vidrio, el pasado 29 de octubre, Luis Tlaseca invitó a sus compañeros a subir a la tarima para recibir juntos la placa bien merecida a estos trabajadores, que echaron para delante en la lucha ente el patrón de Kaolin, Michael Pia. Entre los trabajadores estaban Eustolio Quiroz, Gerardo Navarrete, Miguel Cerrato y Rosendo López.

Asimismo, la esposa del homenajeado, señora Silvia Martínez de Tlaseca, recibió un ramo de rosas por su apoyo a su esposo, quien a raíz de la huelga del primero de abril fue despedido injustamente y sigue desempleado a la fecha. Sin embargo, la familia Tlaseca se ha mantenido unida a pesar de las presiones económicas y sicológicas. Su convicción de que se conseguirá la certificación de la Unión, es algo más allá de una lucha personal. Significa un triunfo histórico para todos los trabajadores migratorios de la Costa Este, especialmente mexicanos y puertorriqueños y para las generaciones futuras. Es, en suma, un compromiso en el que decidieron, como decimos los mexicanos, "luchar hasta la muerte y no nos rajamos".

Este es el tercer reconocimiento que recibe la Unión de Trabajadores de Kaolin, desde que su líder sindical, Ventura Gutiérrez, la organizó a principios de este año. En Washington,D.C. el 11 de junio, el Rev. Jesse Jackson les otorgó una placa de reconocimiento por su lucha por condiciones justas de salario y trabajo. La Asociación México de Filadelfia se solidarizó a ello y en una fecha de suma importancia, la celebración del

Día de Independencia de México, dio también una placa el pasado 11 de septiembre en Kennett Square.

En esta ocasión, PHILAPOSH, cuya Junta Directiva está formada por diferentes sindicatos que bregan por la salud de los trabajadores, reconoce su lucha por mejores salarios.

"Este es un hecho muy importante pues es necesario crear vínculos entre las comunidades latinas, puertorriqueñas y las Uniones estadounidenses", dice Wilfredo Rojas quien ha respaldado el movimiento de los trabajadores de Kaolin desde abril pasado.

Continuarán las Audiencias de la Unión Kaolin

El Hispano 16/22 de diciembre de 1993 No. 50 Volumen XVII

CHESTER, PA.—El 9 de diciembre fue la fecha de la última audiencia de 1993 que llevó a cabo la Junta de Relaciones Laborales de Pensilvania para resolver la situación de los trabajadores agrícolas de la Compañía Kaolin y poder llegar a la certificación oficial de la Unión de Trabajadores de Kaolin.

Como se recuerda, un grupo de trabajadores de esa compañía de hongos estalló una huelga organizada por el líder sindical californiano, Ventura Gutiérrez, el primero de abril y ganaron las elecciones a favor de la unión el 27 de mayo.

Desde entonces, el abogado Arthur N. Read de "Amigos de los Trabajadores Agrícolas" ha representado a los miembros de esa Unión que fueron despedidos por el co-dueño de Kaolin, Michael Pia, quien ha realizado todos los esfuerzos a su alcance para que no triunfe el movimiento por la sindicalización de los trabajadores, en su mayoría de origen mexicano.

Arthur N. Read informó que en las últimas audiencias de este año se ha seguido tratando el asunto de los despidos y que la Junta de Relaciones

Laborales de Pensilvania tiene programadas otras cuatro audiencias para enero del próximo año.

Por su parte, Luis Tlaseca, coordinador de la Unión de Trabajadores de Kaolin está ayudando en las oficinas del Comité de Ayuda a los Trabajadores Agrícolas (C.A.T.A.), organización que contrató a Ventura Gutiérrez a principios de febrero para organizar a los trabajadores agrícolas de la región.

Tlaseca expresó su preocupación de que hay un número de trabajadores de los hongos de la Compañía Kaolin que han tenido caídas como consecuencia de ello se ven imposibilitados para llevar a cabo su labor. Los patrones los envían con sus doctores quenes los envían a trabajar sin que se hayan recuperado. Más de 15 trabajadores han acudido a las oficinas de C.A.T.A. a buscar ayuda, pues en muchas ocasiones son despedidos y se encuentran no sólo imposibilitados sino, para colmo, sin recursos para ganarse la vida.

Nelson Carrasquillo:

Trabajadores Unidos, clave para terminar el abuso
Por Jesús Limas
El Hispano 23/29 de diciembre de 1993 No. 51 Volumen XVII

GLASSBORO, NJ—El Comité de Apoyo a los Trabajadores Agrícolas, C.A.T.A. fue el que inició el proceso de sindicalización de los trabajadores de los hongos en Kennett Square en febrero de 1993. Contrató a Ventura Gutiérrez por un periodo de seis meses para llevar a cabo esta tarea entre los trabajadores latinos, en su mayoría mexicanos de la Compañía Honguera Kaolin.

El puertorriqueño Nelson Carrasquillo es el dirigente de C.A.T.A.

Respecto a su opinión sobre las audiencias que se llevan a cabo ante la Junta de Relaciones Laborales de Pensilvania (PLRB) para resolver la certificación de la Unión de Trabajadores de Kaolin, el dirigente de C.A.T.A. dijo que "la PLRB está influenciada por lo que determinan los patrones (en este caso Michael Pia, de la Compañía de Hongos de Kaolin, de Kennett Square) que desean alargar un proceso decisional donde claramente la mayoría de los trabajadores (de los hongos) votó a favor de la Unión."

Nelson Carrasquillo indicó que este no es un caso aislado y que "organizar a los trabajadores para que se sindicalicen es muy difícil y esto es un ejemplo clarísimo de ello. Las audiencias no van encaminadas a la mayoría de los trabajadores ni tampoco se tratan cuestiones de fondo.

"Mientras tanto, Pia ha sustituido a los trabajadores de Moreolón por empleados de Toluca (Estado de México). Está haciendo esto cuando estamos en Navidad y la mayoría de los trabajadores que participaron en la huelga (del primero de abril) están fuera del país y quedan pocos en la Compañía Kaolin. También está haciendo promesas a los nuevos trabajadores de una compensación monetaria y los que no cumplen, sufren la presión de los supervisores.

"Lo que sucede en Kaolin es un ejemplo del abuso que sufre el trabajador agrícola día a día y si no se organizan van a repetirse las mismas condiciones de injusticia y abuso. Este proceso de abuso es sistemático. La consigna del patrón es "divide y vencerás" y provocar que se disgusten entre sí y que hablen mal unos de otros. Esto también se da en Nueva Jersey y en todas partes.

"De los 3.5 millones de trabajadores agrícolas de Estados Unidos, solamente 100,000 están organizados. Como puede verse la tarea es enorme. Lamentablemente lo que hizo César Chávez en la década de los '60s y '70s no continuó su avance.

"La agenda de los trabajadores agrícolas debe ser la organización y la unidad", concluyó Nelson Carraquillo.

Terminaron las audiencias de la Unión Kaolin

Por Leticia Roa Nixon
El Hispano 14/20 de julio de 1994 No. 28 Volumen XVIII

KENNETT SQUARE—El pasado dos de junio terminaron las audiencias frente a la Junta Nacional de Relaciones Laborales de Pensilvania aunque el expediente no se ha cerrado formalmente y se esperan audiencias de recopilación. Así lo informó Arthur N. Read, abogado de la Unión de Trabajadores de Kaolin, durante el proceso legal que ha llevado a cabo desde hace un año en contra la Compañía Kaolin Mushroom Farms, Inc.

Tras la huelga del primero de abril de 1993, los trabajadores de la industria del hongo, en su mayoría mexicanos, llevaron a cabo elecciones a favor de su sindicalización. En mayo el resultado de dichas elecciones fue claro: voto mayoritario a favor de la Unión de Trabajadores de Kaolin.

Este triunfo histórico no ha sido certificado oficialmente debido a las apelaciones de los dueños de dicha compañía, quienes han sido llevados frente a la Junta Nacional de Relaciones Laborales para responder a los cargos presentados por la Unión a través de su abogado Arthur Read, de la organización "Amigos de los Trabajadores Agrícolas".

Antes del proceso judicial correspondiente para obtener la certificación oficial de la sindicalización de los trabajadores de Kaolin, se han tenido que resolver una serie de demandas en las cuales se encontró que la Compañía Kaolin cometió diversas irregularidades.

Por ejemplo, cerca de marzo de 1993, Cristóbal Castañeda, Administrador de Empaques de Kaolin le ofreció a un empleado un aumento salarial si cesaba sus actividades en apoyo a la Unión.

Aproximadamente el 9 de abril de 1993 la compañía demandada despidió a cinco empleados; Tomás Diego Aguilar, Eloy Reyes Acuña, Carmen Rivera, María Díaz-Rivera y Luz Delia Rodríguez por su participación a favor de la Unión.

Con esta conducta, el demandado ha intervenido prohibiendo y coercionando a sus empleados en el ejercicio de sus derechos garantizados en la Sección 7 del Acta 29, Sección 151 de Estados Unidos.

Al final de los procedimientos, dos de los cinco trabajadores recibieron una oferta de trabajo en la Compañía y los trabajadores restantes están recibiendo compensación monetaria equivalente a un porcentaje de salario que no les pagó debido al despido ilegal.

Las audiencias se llevaron a cabo en la corte estatal y en la federal según era el caso. Una vez resueltas estas demandas, se podrá iniciar la lucha por la certificación oficial del sindicato de trabajadores de Kaolin.

La Unión de Kaolin exigió su presencia en el Festival del Hongo

Por Leticia Roa Nixon
El Hispano 22/28 de septiembre de 1994 No. 38 Volumen XVIII

KENNETT SQUARE—Con la Virgen de Guadalupe al frente, la Bandera de México y el mural portable con el rostro del caudillo revolucionario, Emiliano Zapata, treinta y cinco miembros de la Unión de Trabajadores de Kaolin, luciendo playeras con el mensaje "Viva La Unión" pasaron de ser una comunidad "invisible" a ocupar el lugar que merecen dignamente: el de la fuerza laboral que hace posible que esta ciudad se autodenomine "La Capital Mundial del Hongo".

Por primera vez en la historia del Festival Anual del Hongo, el 17 de septiembre pasado desfilaron los trabajadores de la multimillonaria industria del champiñón frente a sus patrones sin miedo de represalias, con la frente en alto, en una marcha que surgió de ellos mismos con una conciencia laboral cada vez más clara y una decisión irrevocable: justicia, dignidad y derecho a la sindicalización.

La Unión obtuvo la mayoría de votos en unas elecciones limpias y legales el 27 de mayo de 1993. Sin embargo el patrón Michael Pia no reconoció su triunfo, despidió injustamente a treinta trabajadores que participaron en la huelga del primero de abril de 1993 y continúa peleando el caso frente a la Junta de Relaciones Laborales de Pensilvania. Todavía no se ha dado la certificación oficial a los unionistas.

Luis Tlaseca, coordinador de la UTK, se mostró satisfecho con el resultado de la iniciativa de marchar en el desfile: "A mí me pareció una buena idea, no para apoyar al Festival de Hongo sino para organizar una protesta, demostrarles que uno existe y que no se nos ha querido reconocer; siempre hemos quedado excluidos. Las entrevistas que dan en la prensa son totalmente falsas, es todo lo contrario. El Sr. Pia (patrón de Kaolin) hizo el sábado un *open house* para que la gente fuera a ver el lugar de trabajo y mostró un video donde aparecen los trabajadoraes con traje. Yo le quiero preguntar al Sr. Pia: ¿así son nuestros trabajadores? Nunca hemos usado traje en el trabajo y como decimos los mexicanos, el patrón quiere taparle el ojo al macho y engañar a la gente ya que las personas que vieron ese video van a decir que más quieren los mexicanos, si los tratan muy bien."

Por su parte, Nelson Carrasquillo, director ejecutivo del Comité de Apoyo a los Trabajadores Agrícolas (C.A.T.A.) quien marchó con los trabajadores de UTK opinó:

"Esta marcha es un acto organizado y preparado por los propios trabajadores de los hongos de manera independiente en un evento donde la comunidad de Kennett Square celebra sus valores y fue como un baño de agua fría porque la comunidad invisible de los trabajadores agrícolas les hizo un reclamo de su participación. Ahora tienen que decir que los trabajadores de los hongos tienen un legítimo reclamo.

"Los organizadoers del Festival trataron de evitar que desfilaran porque no querían que fuese un acto político. Escribimos una carta al jefe de la policía y finalmente aceptaron que los trabajadaores marcharan el sábado.

"Los habitantes de esta ciudad tienen que reconocer que los trabajadores agrícolas son la base de esa comunidad y el no reconocerlo es como ser una avestruz con la cabeza metida en un hoyo. La marcha de la Unión de Trabajadores de Kaolin tuvo un mensaje dual, decir aquí estamos y exigimos dignidad y respeto".

Martha González, antropóloga chicana de 22 años y organizadora de C.A.T.A. habló de su experiencia de la marcha. "Los organizadores del festival nada más querían que desfilaran 20 de los trabajadores, pero logramos que marcharan 35 de ellos. Los miembros de UTK no quisieron portar los letreros que regalaron los organizadores quienes insistían que este festival es en honor del hongo y que si los trabajadores marchaban con sus letreros iba a ser algo muy político.

Realmente los letreros que ofrecían estaban escritos en muy mal español y los trabajadores decidieron no llevarlos en la marcha.

"Las consignas que gritamos a lo largo de la ruta fueron:
¡Qué Viva la Unión, Vivan los Trabajadores de Kaolin, Viva México, Viva Zapata, Viva la Reina de México, la Virgen de Gudalupe, Obreros Unidos Jamás Serán Vencidos, Qué Viva la Lucha! Los instrumentos musicales fueron cazuelas y campanitas los cuales tocamos con gran dignidad. Hubo varios americanos que nos aplaudieron y se mostraban sorprendidos de que hubiera un Unión y de ver a los trabajadores desfilando. Un abogado también miembro de un sindicato, se nos acercó para darnos una donación de veinte dólares y pidió que le enviáramos información.

"El mural portable de Emiliano Zapata fue pintado por Michael Alewitz quien es profesor de estudios laborales y tiene 20 años de experiencia en calidad de organizador. Como resultado de la marcha quizás consigamos una pared para que el Sr. Alewitz pinte un mural.

"Hubo muchos trabajadores que nos apoyaron desde las orillas ya que tenían preocupación de que si marchaban, su presencia sería muy visible ante los patrones, debido a la prensa, las cámaras fotográficas y habría posibles represalias en su lugar de trabajo.

"Este Festival del Hongo es como una fiesta privada, auspiciada por el Instituto Americano del Hongo. Pero como dijimos al inicio nosotros no participamos en este Festival para apoyar al Comité Organizador sino para que los trabajadores tuvieran presencia y como protesta por las limitaciones que nos quisieron imponer antes y durante el mismo desfile".

El Hispano ha apoyado a la UTK desde el inicio de su lucha por sus derechos laborales y continuará difundiendo ampliamente sus logros. ¡Viva la Unión de los Trabajadores de Kaolin!

1999

2 EL HISPANO - 2/8 de agosto 2001

LOCALES

Judicial victory for agricultural workers

Cortesía del periódico El Hispano de Filadelfia

¡Por fin! Triunfo definitivo de la Unión de Trabajadores de Kaolín

Por Leticia Roa Nixon
El Hispano 31 de diciembre/ 6 de enero de 1999 Número 53 Volumen XXII

La Corte Suprema del Estado de Pensilvania ratificó la validez de las elecciones que le dieron la victoria a la Unión de Trabajadores de Kaolin el 27 de mayo de 1993, con 140 votos a favor y 102 en contra.

Tras un largo proceso de apelación por parte del patrón Michael Pia, el pasado 15 de diciembre de 1998 quedó definitivamente legalizado el triunfo de la Unión la compañía Kaolin Mushroom Farms, Inc. en el poblado de Kennett Square, la autodenominada "Capital Mundial de Hongo".

Este histórico evento se inició el primero de abril de 1993 cuando cerca de 100 pizcadores abandonaron sus labores para estallar la huelga conducida por el líder mexicano residente de Califiornia, Ventura Gutiérrez Mendez, a su vez contratado por Nelson Carrasquillo director ejecutivo del Comité de Apoyo a los Trabajadores Agríciolas (C.A.T.A.).

Durante el curso de la disputa laboral entre Kaolin Mushroom Farms, la planta principal de la compañía en Kennett Square, y los trabajadores en su mayoría mexicanos y puertorriqueños, el patrón despidió ilegalmente a once de los trabajadores huelguistas en violación de la Ley de Relaciones Laborales en Pensilvania.

En noviembre de 1997 la Corte del Estado ordenó la restitución de los trabajadores despedidos y el pago salarial retroactivo. Luis Tlaseca, el actual presidente de la Unión de Trabajadores de Kaolin, fue uno de los once despedidos en la mañana del primero de abril de 1993.

Cuando la Corte Suprema del Estado de Pensilvania dio a conocer oficialmente su decisión el pasado 15 de diciembre, Luis Tlaseca y Nelson Carrasquillo estaban en Harare, Zimbabwe, Africa en la Octava Asamblea del Consejo Mundial de Iglesias.

"La noticia del triunfo de nuestra Unión fue el mejor regalo que pudieron darme el día de mi santo que es precisamente el 15 de diciembre", comentó en entrevista telefónica con este semanario a su regreso de Africa. Precisó que sus esfuerzos ahora están enfocados a la preparación necesaria antes de iniciar el proceso de negociación del contrato colectivo de trabajo con el patrón Michael Pia quien está dispuesto a cumplir con la ley y negociar de buena fe.

Para ello, el líder Tlaseca ya envió una citatoria a la membresía convocando a una pronta reunión que se realizará el 7 de enero a las 4 p.m. en la oficina de C.A.T.A. de Kennett Square localizada en 102 Street, segundo piso en el centro del pueblo.

"Eso es un triunfo defnintivo de nuestra lucha después de una larga espera. Por tercera vez la corte ha decidido a favor de la Unión de los Trabajadores de Kaolin", expresó Luis Tlaseca en su citatorio informativo de la victoria tras 5 años y 8 meses de lucha sindical.

En esta reunión se discutirán el nombre y propósito de la Unión, la membresía, el Comité Ejecutivo y los Oficiales, los deberes y el Comité de Sitio de Trabajo. El Comité Ejecutivo que se nombre en esta reunión será el núcleo del liderazgo de la Unión.

Por su parte, Nelson Carrasquillo, Director Ejecutivo de C.A.T.A. reconoció el apoyo de otras organizaciones en este triunfo como es Friends of Farmworkers, Inc. Cuyo director es el abogado Arthur N. Read, representante legal de la Unión de Trabajadores de Kaolin.

"A pesar de que tuvimos mucha presión por casi seis años, se ha creado un espacio para que los trabajadores negocien por sí mismos su contrato colectivo", dijo Nelson Carrasquillo. Explicó que un contrato colectivo es un acuerdo directo entre el patrón y los trabajadores el cual va a determinar las relaciones y condiciones de trabajo entre ambas partes. "Lo que había anteriormente en Kaolin Mushroom Farms era una serie de leyes y reglamentos que rigen la vida de trabajo acordadas entre el gobierno y el patrón", concluyó Carrasquillo.

El director del Comité de Apoyo a los Trabajadores Agrícolas puntualizó que la importancia del triunfo de la Unión de Trabajadores de Kaolin es el reconocimiento de la consistencia de los trabajadores en su lucha.

Por otra parte, esta victoria es una afirmación para los trabajadores de la Unión de la compañía champiñonera Blue Mountain, en la ciudad de Reading, Pensilvania. El patrón de Blue Mountain también inició un proceso de apelación tras la victoria de las elecciones a favor de la integración de la Unión de Trabajadores en dicha empresa.

Ya era hora

Kaolin Mushroom Farms Inc. cuenta actualmente con 600 trabajadores y es una de las más grandes compañías de su género en la nación, de acuerdo a datos del Instituto Americano del Champiñón. De hecho, en el poblado de Kennett Square, PA, se produce más del 50 por ciento de la producción nacional del champiñón.

Hace seis años, el patrón de esta compañía no se imaginó el alcance de la huelga por mejores condiciones de trabajo y salarios que naciera a raíz de la denuncia que hizo la pizcadora puertorriqueña Luz Delia Rodríguez en febrero de 1993 en las oficinas de C.A.T.A.

Como se sabe, la jornada de trabajo de los pizcadores del champiñon comienza a las tres de la madrugada. Las cosechas se llevan a cabo en casas oscuras y húmedas. Los trabajadores, en su mayoría mexicanos, cortan los champiñones durante horas, doblados por la cintura, caminando en andamios angostos y resbaladizos de donde a menudo sufren serias caídas. Sin embargo, este trabajo no es bien recompensado.

Fue por esas razones que el primero de abril de 1993, un centenar de trabajadores de la compañía Kaolin, cansados de soportar los constantes abusos laborales decidieron estallar una huelga para luchar por sus derechos.

Ahora en enero de 1999 los trabajadores de la Unión de Kaolin tendrán la oportunidad, por primera vez en la historia de la industria del champiñón en Kennet Square, de negociar con el propietario de la compañía con el fin de mejorar sus condiciones de trabajo.

Mitin en la audiencia de la Suprema Corte acerca de los Derechos de los Trabajadores del Champiñón. Foto inferior, Luis Tlaseca. Cortesía de C.A.T.A.

2002

La Unión de Trabajadores de Kaolin Celebra su Primer Contrato
La Actualidad – Mayo 9, a Mayo 15, 2002 Filadelfia Pa página 27

El sábado, 11 de mayo, 2002. La Unión de Trabajadores de Kaolin celebrará la victoria de su primer contrato desde las 3pm-8pm en el parque Nixon en Kennett Square, PA. Los trabajadores harán una breve presentación a las 4 pm aproximadamente para agradecer a los que han apoyado a su lucha y estarán presentando un reconocimiento especial a quienes han contribuido con horas incontables de su tiempo y esfuerzo para que tengan justicia los trabajadores.

El 3 de enero, 2002, representantes de la Unión de Trabajadores de Kaolin lograron su primer contrato con Kaolin Mushroom Farms de Kennett Square, PA que tomó efecto el 7 de enero. El contrato vino después de más de ocho y medio años del lucha que empezaron en abril de 1993.

Más de 150 trabajadores (mayormente trabajadores migrantes de origen mexicano) salieron de huelga por un mes para protestar las prácticas injustas de trabajo y condiciones insegura, y después votaron a formar su propia unión independiente.

2004

Victoria de los Trabajadores de Kaolin
Comunicado de Prensa de C.A.T.A. 18 de junio de 2004

El pasado viernes 18 de junio la Unión de Trabajadores de Kaolin obtuvo una esperanzadora victoria al derrotar el intento de Pia para descertificar la Unión. Una vez más quedó demostrada la voluntad y unidad de los trabajadores de Kaolin en resistir todos los esfuerzos de intimidación de la compañía.

Indudablemente nos sirve de inspiración y ejemplo en C.A.T.A. y de prueba de poder decirles a los trabajadores que usen el ejemplo para luchar por su unidad y así, juntos lograr formar su propia Unión como la mejor alternativa para evitar los abusos y mejorar sus condiciones de vida.

Felicitamos a los líderes de Kaolin, a su Presidente Fidel Guadarrama, a Fidel Vázquez, a Ramiro, a Jesús y tantos otros quienes se mantuvieron firmes a pesar de las amenazas y supieron guiar el proceso para llevar un mensaje de fuerza y disposición.

Entre las lecciones aprendidas está la de fortalecer y mejorar la participación de los compañeros de Alpine y M&J. Ellos a su vez comprendieron la importancia de la Unión y dijeron presentes. Los trabajadores de por ahora en su disposición dieron aliento a los que desde fuera vimos el proceso, ellos necesitan estar representados con sus delegados. La participación de las mujeres es de vital importancia y se debe hacer todos los esfuerzos para que puedan participar plenamente y vean sus intereses representados al momento de comenzar las negociaciones.

Esto es sólo unos aspectos de lo que falta por hacer y poder acumular fuerzas para las próximas negociaciones sean beneficiosas para todos. Sin embargo señalamos que la voluntad de los trabajadores y trabajadoras es un ejemplo a seguir no por todos los del hongo sino por todos los demás quienes luchan por sus derechos. Es decir poder tener en cuenta el llevar el mensaje a todos quienes se puedan beneficiar de él.

Nelson Carrasquillo, Coordinador General

Capítulo 5

VISITAS DE DISTINGUIDAS
PERSONALIDADES

Ingeniero Cuauhtémoc Cárdenas Solórzano y el establecimiento de la "Alianza México—Estados Unidos por la Democracia"

Tras la visita del candidato presidencial mexicano Ingeniero Cuauhtémoc Cárdenas a Kennett Square, en abril de 1993, el Comité de Apoyo a los Trabajadores Agrícolas C.A.T.A. le brindó su apoyo en su contienda presidencial como candidato del Partido de la Revolución Democrática (PRD) para las elecciones presidenciales de 1994 en México.

A continuación la cronología del establecimiento de dicha alianza USMAD por su acrónimo en inglés.

♦ En el mes de abril de 1993, el compañero Cuauhtémoc Cárdenas visitó Kennett Square, Pensilvania para brindar su apoyo a la Unión de Trabajadores de Kaolin y sus afiliados que se encontraban participando en el movimiento más importante que se ha dado dentro de la industria del champiñón en su existencia y que data de un siglo.

♦ En junio de 1993, dirigentes de la Unión de Trabajadores de Kaolin y de la Unión Sin Fronteras se reunieron con el compañero Cuauhtémoc Cárdenas durante su visita a la ciudad de Mexicali, Baja California y ahí se acordó una reunión amplia con representantes de organizaciones estadounidenses interesadas en dar su esfuerzo a favor del establecimiento de la democracia en México. Dicha reunión sería llevada a cabo en la ciudad de Tijuana, Baja California el 21 de agosto de 1994.

♦ El 26 de junio de 1993, en la ciudad de México, D.F., promotores de la reunión de Tijuana, se reunieron con Graco Ramírez, integrante del

Comité Nacional de Campaña del Ing. Cuauhtémoc Cárdenas para afinar detalles sobre la reunión en la ciudad fronteriza.

♦ Durante el mes de julio de 1993 en el "Encuentro sin Fronteras", organizado por la "Campaña por la Justicia de la Frontera", llevado a cabo en la ciudad de Tucson, Arizona, un numeroso contingente de representantes de organizaciones de ambos lados de la frontera, asistentes al evento, aprobó la resolución de apoyo para la reunión que estaba en proceso.

♦ El día 21 de agosto de 1993, en la ciudad de Tijuana, Baja California, México, se celebró una reunión en la que se contó con la presencia del compañero Cuauhtémoc Cáardenas y aproximadamente 30 representantes de diversas organizaciones de Estados Unidos.

En dicha reunión se trataron puntos de vista e inquietudes respecto al gran rezago existente en México, en cuanto a democracia y justicia social. Como resultado de dicha reunión se acordó iniciar la formación de una Alianza de Ciudadanos y Organizaciones, con el fin de darle impulso al cambio democrático en México.

♦ El día 30 de octubre de 1993, se llevó a cabo otra reunión en El Paso, Tejas, en la cual se estableció de manera provisional una Comisión Coordinadora Nacional que ahora se conoce como "Alianza México-Estados Unidos por la Democracia".

En esta ocasión, entre otros representantes de México y Estados Unidos, se contó con la valiosa presencia de Ricardo Pascoe Pierce, Coordinador de Relaciones Internacionales del Comité Nacional de Campaña, de Rocío Oscós Moreno, representante en Estados Unidos de dicho comité y además de Raúl Urias de Relaciones Internacionales del PRD.

♦ Los días 8 y 9 de enero se celebró una reunión en San Antonio, Tejas, asistiendo diversos grupos de ese estado y del país, para afinar los documentos básicos y hacer un llamado a las organizaciones a sumarse a este esfuerzo binacional que busca recuperar el poder ciudadano en ambos lados de la frontera.

♦ A mediados del mes de enero de 1994 se inicia un trabajo de cabildeo en Washington, D.C. para general el apoyo más amplio de los sectores más importantes de Estados Unidos a favor de elecciones limpias en México el 21 de agosto de 1994. Asimismo se comienza a difundir ampliamente el llamamiento que se hace en el comento básico de la "Alianza México-Estados Unidos por la Democracia".

♦ Los días 4 y 5 de febrero de 1994, en la ciudad de México, D.F., se llevó a cabo una reunión de la Comisión Coordinadora Binacional y se designó a Jaime Martínez como presidente de la Alianza, se acordó que la sede para la US-MAD sean las oficinas del Sindicato Internacional de la Industria Electrónica. Por acuerdo de dicha reunión se designó a Carlos Heredia como representate de enlace diplomático en Washington, D.C. Por último se hizo una modificación al documento básico.

Por separado se hizo una petición a la organización mexicana "Alianza Democrática Nacional",para permitir el ingreso de la US-MAD a sus filas como organización afiliada

Capítulo 6

MENSAJES DE SOLIDARIDAD

Los trabajadores huelguistas de Kaolin recibieron muchos mensajes de solidaridad de parte de sindicatos mexicanos y de políticos latinos en los Estados Unidos, entre ellos los senadores del estado de Illiniois, Jesús García, mexicano, y Miguel del Valle, puertorriqueño.

Las bandas musicales mexicana *Maldita Vecindad* y *Los Caifanes* enviaron su apoyo y felicitaciones entusiastas y les prometieron hablar de su lucha durante su recorrido musical por Boston, Nueva York y Chicago en 1993.

Por su parte, el Reverendo Jesse Jackson, conocido líder afroamericano y candidato presidencial de los Estados Unidos por dos ocasiones, anunció el 11 de junio de 1993 ante diputados y senadores norteamericanos, líderes obreros y dirigentes de derechos civiles de la Unión Americana, que entregará en Washington un premio al heroísmo de los trabajadores de Kaolin.

Indudablemente los huelguistas de Kaolin hicieron historia en los Estados Unidos.

Capítulo 7

LAS MARCHAS

Según el reporte de Primitivo Rodríguez Oseguera, quien trabajaba en American Friends Service Committee de Filadelfia, durante el recorrido de 150 kilómetros en mayo de 1993, grupos sindicales, monjitas, sacerdotes y organizaciones latinas dieron la bienvenida a los trabajadores en las poblaciones por las que pasaron, a la vez que les ofrecieron alimentos y hospedajes.

Martin Sheen, conocido actor de origen mexicano--padre de otros dos actores, Emilio Estevez y Charlie Sheen—se unió a los marchistas el viernes 14.

La marcha concluyó en el recinto central del Capitolio del estado de Pensilvania. Ahí más de 200 personas esperaban a los marchistas.

El actor Martín Sheen apoyó la lucha sindical de los trabajadores de Kaolin. Cortesía de C.A.T.A.

Dirigiéndose a los presentes, Martin Sheen afirmó que se sentía orgulloso de sus raíces mexicanas y que la lucha de los trabajadores de Kaolin continuaba la tradición del caudillo revolucionario Emiliano Zapata, del líder chicano César Chávez y del líder de la lucha de los derechos civiles Martin Luther King quien logró que terminase la discriminación brutal contra la población negra y latina en los Estados Unidos.

Varios trabajadores agradecieron el apoyo a su marcha y aseguraron que su esfuerzo y sacrificio era para beneficio de todos los trabajadores del hongo y para dejar un ejemplo de dignidad y respeto para sus hijos. En el futuro a ellos se les tendría que tratar con más justicia y reconocimiento.

Por primera vez en la historia de Pensilvania, nunca antes habían llegado al Capitolio trabajadores mexicanos y puertorriqueños en lucha por sus derechos.

Capítulo 8

PELEANDO POR SALVAR LA UNIÓN DE LOS TRABAJADORES DE KAOLIN

Nelson Carrasquillo, Coordinador General de C.A.T.A. Cortesía de Leticia Roa Nixon

En el verano de 2015, Nelson Carrasquillo, Coordinador General de C.A.T.A. publicó un texto en *Siembra* el boletín de esa organización. Escribió que los Trabajadores de Las Fincas de Champión de Kaolin estallaron la huelga el primero de abril de 1993 debido a condiciones laborales injustas, salarios bajos y constante acosamiento de los supervisores para aumenta la productividad. Los huelguistas convocaron elecciones en mayo de 1993, tras las cuales la Unión ganó por una gran mayoría. Por su parte, Kaolin Mushroom Farms apeló los resultados de dicha elección y en 1998 la Junta de Relaciones Laborales dio su decisión a favor de la Unión. Las negociaciones para un contrato colectivo entre la Unión y Kaolin

Mushroom Farms comenzó pronto. Pero fue hasta enero de 2002 que llegaron a un acuerdo para firmar el primer contrato colectivo. En 2005 el contrato tenía que se re-negociado y la compañía pidio una decertificación la cual perdieron, forzándolos a negociar un segundo contrato.

Pasaron 10 años de lucha para negociar el primer contrato y posteriormente el tercer contrato debía terminar a finales de 2016.

Desde ese entonces muchos de los trabajadores de champión de la planta de Kaolin quienes iniciaron la lucha en 1993, han regresado a México, se han retirado o aceptado trabajo en otras compañías. En el momento actual, la mayoría de los miembros de la Unión de Trabajadores de Kaolin no estuvieron presentes al inicio de la lucha y la mayoría de ellos tiene poca experiencia previa en participar en una Unión.

Debido a estos factores, se ha creado una brecha entre el liderazgo original y los nuevos trabajadores quienes carecen de la experiencia y vivencia histórica de la lucha por la Unión.

De hecho, un número importante de trabajadores han atribuido los salarios mejores y condiciones de seguridad en el trabajo a la buena voluntad del patrón en vez de ser resultado de tener una Unión. Los gerencia de Kaolin ha dicho consistenmente a los trabajadores que les paga a los trabajadores bien debido a su trabajo arduo y que la Unión se aprovecha cobrándoles cuotas para beneficio de unos cuantos líderes.

Incluso recientemente, el año pasado, la compañía convenció a varios trabajadores para que tomaran el rol de portavoces y denunciar a la Unión y pedir un voto de descertificación de la Unión. La respuesta de la Unión fue hacer disponible el contrato a todos los trabajadores, organizar reuniones con los trabajadores acerca de sus derechos como miembros de la Union, representar a trabajadores en todos los casos de abuso y hacer responsable a la compañía al pie de la letra de dicho contrato laboral.

Lamentablemente fue la falta de conocimento acerca de la Unión y la inexperiencia de los trabajaores lo que causó una brecha tan grande que no pudo ser superada y muchos trabajadores nunca vincularon sus condiciones laborales y salarios mejores al contrato colectivo de la Unión. Muchos creyeron la versión de la compañía, que ésta fue la que realizó cambios positivos para los trabajadores y que ya no tenían que negociar más con la Unión.

Debido a que muchos trabajadores de Kaolin le creyeron a la compañía y votaron en contra de la continuación del contrato eso impactó a muchos unionistas. Posteriormente los líderes de la Unión analizaron la situación y reconocieron que no habían sido lo suficientemente pro activos en comunicar la importancia y relevancia de la Unión a sus miembros.

Se hizo una apelación a la descertificación de la elección, pero de acuerdo a la Ley Laboral de Pensilvania, se prohiben las descertificaciones de las elecciones mientras esté en vigor un contrato laboral. Por tanto, la Junta de Relaciones Laborales de Pensilvania rechazó dicha apelación y la Unión entabló un apelación a los tribunales.

Sin embargo, el fallo del tribunal decidió liberar a los trabajadores del champiñón de las Fincas de Kaolín de una representación sindical no deseada en junio de 2016.

La Fundación Nacional del Derecho al Trabajo dijo que el Tribunal de la Mancomunidad de Pensilvania ratificó unánimemente los resultados de las elecciones de descertificación de marzo de 2015 que desalojó a la Unión de las Fincas de Champiñones de Kaolin.

De acuerdo con Will Collins, un portavoz de la Fundación Nacional del Derecho al Trabajo con base en Springfield, Virginia, esperaban que la decisión del tribunal fuera respetada por la Unión de Trabajadores de Kaolin, aunque la Unión podía apelar dicho fallo todavía a la Suprema Corte estatal y la apelación pudiese ser demorada. Los empleados de las Fincas de Champiñones de Kaolin votaron 94-67 en marzo de 2015 en contra de la Unión dijo Will Collins.

Desde ese entonces, la Unión de Trabajadores de Kaolin, por su acrónimo en inglés KWU, ha apelado el voto a través de los tribunales usando una variedad de argumentos "técnicos" en cuanto al porqué debe continuar siendo reconocida como la unidad de negociaciones para los trabajadores, de acuerdo con el representante de la Fundación Nacional del Derecho al Trabajo.

Según el resumen de la Fundación Nacional del Derecho al Trabajo, Roberto Morales, empleado de las Fincas Kaolin, fue quien entabló una petición de descertificación en septiembre de 2014 indicando que él y sus compañeros de trabajo estaban insatisfechos con la Unión y manifestaron

su deseo de tener elecciones para remover a la KWU. Un Secretario de
la Junta de Relaciones Laborales de Pensilvania, desestimó inicialmente
la petición con base en que la presencia de la Unión no podía ser retada
por un periodo de siete años después de que el contrato con la empresa
fue adoptado. De acuerdo con el secretario, la "barra del contrato" podía
permanecer en vigor hasta el 2 de octubre de 2016, que sería la fecha más
temprana para que se realizara una elección bajo esa barra.

Los abogados de tiempo completo de la Fundación ayudaron a Morales
a entablar una objeción a la decisión con la Junta de Relaciones Laborales
de Pensilvania en pleno, arguyendo que los empleados renuentes a la
Unión no deberían estar en las filas de la Unión por ese periodo largo, y
que no había un fundamento en la ley de Pensilvania para una barra del
contrato por siete años. La Junta de Relaciones Laborales de Pensilvania
finalmente decidió llevar a cabo una elección de voto secreto en marzo
de 2015, cuyos resultados indicaron el rechazo de los trabajadores a la
Unión de Trabajadores de Kaolin. Por su parte, los abogados de la Unión
entablaron objeciones al resultado de la elección, argumentando de nuevo
que no se deberían realizar elecciones hasta que hubiese expirado la barra
del contrato de siete años.

Capítulo 9

CONCLUSIÓN

De acuerdo a observadores de la huega de los trabajadores del champiñón de las Fincas de Champiñón de Kaolin y su formación en una Unión independiente es una historia de éxito resonante en esta época de movimiento laboral debilitado.

Muchos trabajadores agrícolas inmigrantes tienen una experiencia similar en cuanto a las condiciones laborales y de vivienda y sin embargo no están organizados.

Obviamente, usar la historia de los trabajadores del champiñón como un ejemplo para organizar a trabajadores agrícolas no sería adecuado ya que hubo condiciones especiales para que se diera dicho movimiento. Una de ellas fue que muchos de los trabajadores obtuvieron amnistía en 1986 y no se sentían intimidados fácilmente por la compañía ya que su status migratorio era favorable.

Actualmente, las compañías contratan mano de obra de un número creciente de trabajadores indocumentados lo cual socava acciones de organización sindical.

Otro factor es que los trabajadores del champiñón no son considerados técnicamente como trabajadores agrícolas, sino como trabajadores hortícolas. En tanto que la Junta Nacional de Relaciones Laborales no reconocen al trabajador agrícola o al hortícola para formar una unión, de hecho, por casualidad la Junta de Relaciones Laborales de Pensilvania no removió a los trabjadores hortícolas de su lista de reconocimiento y, por lo tanto, los trabajadores del champiñón tuvieron la oportunidad de organizarse bajo la ley estatal de Pensilvania.

Finalmente, la industria del champiñón es esencial para la economía de Kennett Square y aunque no todos los residentes le dan la bienvenida a los trabajadores inmigrantes, los ven como necesarios para la comunidad. Incluso con estas condiciones útiles a su favor, KWU todavía se enfrenta a la resistencia de la compañía y tiene que confrontar los desafíos que surgen de trabajadores indocumentados y el ambiente de miedo que la compañía ha logrado crear.

Los trabajadores agrícolas no son reconocidos por la Junta Nacional de Relaciones Laborales, pero deberían considerar el abuso, falta de respeto, las condiciones opresivas bajo las cuales están forzados a trabajar. Desafortunadamente, el cambio de la posición desfavorable de los trabajadores agrícolas (que surge de la esclavitud) probablemente no va a suceder pronto a que estamos viviendo un ambiente político negativo para los trabajadores.

La historia de la Unión de los Trabajadores de Kaolin es un ejemplo más en el movimiento de sindicalización que triunfó enfocándose en la cuestión de la dignidad en el lugar de trabajo, ganando apoyo extendido de la comunidad y empoderando a los trabajadores involucrándolos en la organización y en la toma de decisiones. Afortunadamente, usando estas estrategias, los trabajadores agrícolas marginalizados se organizarán para obtener mejores condiciones laborales y respeto.

Capítulo 10

ANEXOS

ANEXOS

KAOLIN MUSHROOM FARMS v. PLRB

164 Pa. Commw. 243 (1994)

642 A. 2d 612

KAOLIN MUSHROOM FARMS, INC., Petitioner, v. **PENNSYLVANIA LABOR RELATIONS BOARD,** Respondent.

Commonwealth Court of Pennsylvania.

Decided May 23, 1994.
Robert G. Haas, for petitioner.
James L. Crawford for respondent.
   Before CRAIG, President Judge, NEWMAN, J., and DELLA PORTA, Senior Judge.

NEWMAN, Judge.
   Kaolin Mushroom Farms, Inc. (Kaolin) petitions for review of a final order of the Pennsylvania Labor Relations Board (PLRB) which affirmed the decision of the Secretary of the PLRB (Secretary) dismissing an amended charge of unfair labor practices filed by Kaolin. For the reasons which follow, we affirm.

I. FACTS

On April 6, 1993, Kaolin filed an unfair labor practice charge against Comité de Apoyo a Los Trabajadores Agricolas (CATA). In the charge Kaolin alleged, *inter alia,* that CATA, by its officers and agents, including Ventura Gutierrez, engaged in acts of trespass, violence, threats, intimidation and destruction of private property in violation of the Pennsylvania Labor Relations Act (Act).1 Kaolin further alleged that these acts were performed in connection with a labor strike which began on April 1, 1993, and were designed to compel the employees of Kaolin to select CATA as their representative for collective bargaining. Based upon this unfair labor practice charge, the PLRB issued a complaint against CATA on April 16, 1993. This complaint is currently pending before the PLRB.

On July 27, 1993, Kaolin filed an amended charge with the PLRB seeking to add the Retail, Wholesale, Department Store Workers' Union, Local 1034 (RWDSU), the Union of Kaolin Workers and Ventura Gutierrez as additional respondents to the unfair labor practice charge initially filed against CATA on April 6, 1993. The allegations in the amended charge were closely related to the allegations in the original charge. Specifically, in the amended charge Kaolin alleged, *inter alia,* that CATA and the Union of Kaolin Workers through common officers and agents, including Ventura Gutierrez, engaged jointly in organizing, participating and maintaining a strike against Kaolin for the purpose of forcing Kaolin to recognize the Union of Kaolin Workers. Kaolin further alleged that CATA and the Union of Kaolin Workers were alter egos of each other and allies in interest for the purpose of organizing a union and forcing Kaolin to recognize a union.

By letter dated July 30, 1993, the Secretary dismissed Kaolin's amended charge. The Secretary concluded that under the circumstances presented, the addition of the new parties as respondents, set forth a new cause of action against those parties. She further concluded that because the acts complained of occurred on or about April 1, 1993 and the amended charge was filed on July 27, 1993, the amended charge was untimely filed under Section 9(e) of the Act, 43 P.S. § 211.9(e).

On August 19, 1993, Kaolin filed exceptions to the Secretary's decision dismissing the amended charges. On September 7, 1993, the PLRB issued a final order affirming the decision of the Secretary. Kaolin petitions this court for review of the PLRB's order.

II. ISSUE

The sole issue presented on appeal is whether the PLRB abused its discretion in dismissing the amended charge of unfair labor practices filed by Kaolin on July 27, 1993.2 When reviewing the discretionary acts of an agency, this court will overturn the agency's action only where the agency acts in bad faith, fraudulently or capriciously, or has committed an abuse of power. *Commonwealth of Pennsylvania v. Pennsylvania Labor Relations Board,* 64 Pa.Commw. 525, 441 A.2d 470 (1982).

III. ANALYSIS

Kaolin asserts that the PLRB abused its discretion in not allowing it to amend the charge to include parties that were allies in interest, successors in interest, agents, alter egos and/or part of a single enterprise with CATA, the party named in the original unfair labor practices charge. In support of its position, Kaolin contends that neither the Act nor any regulations promulgated pursuant to the Act, prohibit a party from amending an unfair labor practice charge to include related parties who were involved in the incidents underlying the original and timely filed charge of unfair labor practices.

Because the PLRB does not make factual findings at the complaint stage of the administrative process, we must examine this case under two distinct factual scenarios. First, we must determine whether the Board abused its discretion in dismissing the amended charge assuming that CATA, Ventura Gutierrez, and the Union of Kaolin Workers are allies in interest and/or alter egos. And second, we must determine whether the Board abused its discretion in dismissing the amended charge assuming that CATA, Ventura Gutierrez, and the Union of Kaolin Workers are separate entities.

A. Alter Egos and/or Allies in Interest

In its initial charge, Kaolin named only CATA as a respondent. However, the charge was filed under Section 6(2) of the Act which also protects Kaolin's right to proceed against any officer or officers of CATA, or any agent or agents of CATA, or anyone acting in the interest of CATA, or an employee or employees acting in concert.3 In its amended charge, Kaolin asserted that Ventura Gutierrez and the Union of Kaolin Workers are alter egos of CATA and/or allies in interest with CATA for the purpose of organizing a union. Assuming *arguendo* that these entities are alter egos and/or allies in interest, Kaolin has the right to proceed against these entities through the original charge currently pending before the PLRB. Therefore, there was no need for Kaolin to file the amended charge on July 27, 1993. Accordingly, we conclude that under this factual scenario, the Board did not abuse its discretion in dismissing the amended complaint.

B. Separate Entities

If, however, Ventura Gutierrez and the Union of Kaolin Workers are not alter egos and/or allies in interest of CATA, they are separate entities against which Kaolin has stated a new cause of action. Section 9(e) of the Act which establishes the limitations period for the filing of unfair labor practices provides in pertinent part as follows:

No petition or charge shall be entertained which relates to acts which occurred or statements which were made more than six weeks prior to the filing of the petition or charge.

43 P.S. § 211.9(e).

Section 8 of the Act further provides that:

Whenever it is charged that any person has engaged in or is engaging in any such unfair labor practice, the board, or any member or designated agent thereof, shall have authority to issue and cause to be served upon such person a complaint, stating the charges in that respect.... Any such complaint may be amended by the board, member or agent conducting the hearing at any time prior to the issuance of an order based thereon.

43 P.S. § 211.8(b).

In addition, the regulations promulgated by the Board provide that:

In the discretion of the Board, upon due notice to the parties, a complaint may be amended, in such manner as the Board may deem proper, at any time before the issuance of a final decision and order *if no new cause of action is added after the statute of limitations has run.*

34 Pa.Code § 93.14(b) (emphasis added).

A review of the facts which form the basis of Kaolin's amended charge indicate that the cause of action against Gutierrez and the Union of Kaolin Workers was untimely filed. For example, an affidavit filed by Kaolin indicates that beginning with the April 1, 1993 strike, Ventura Gutierrez directly told the president of Kaolin that the employees would stop the strike if Kaolin would recognize the Union of Kaolin Workers as the bargaining representative. Thus, Kaolin was aware of the activities of Gutierrez and the Union of Kaolin Workers as early as April 1, 1993 but did not file the amended charge naming those entities as respondents until July 27, 1993. Accordingly, because the acts and statements at issue occurred more than six weeks prior to the filing of the amended charge, it was untimely filed under Section 9(e) of the Act. Therefore, we conclude that under this factual scenario, the Board did not abuse its discretion in dismissing the amended complaint.

III. CONCLUSION

In conclusion, if Gutierrez and the Union of Kaolin Workers are alter egos of CATA, Kaolin may proceed against those entities through the initial timely filed charge which is currently pending before the PLRB. However, if Gutierrez and the Union of Kaolin Workers are unrelated to CATA, Kaolin's amended charge created a new cause of action against previously unnamed respondents after the statute of limitations had expired. In either case, we conclude that the Board did not abuse its discretion in dismissing the amended charge.

Accordingly, the order of the PLRB is affirmed.

ORDER

AND NOW, May 23, 1994, the order of the Pennsylvania Labor Relations Board in the above-captioned matter is affirmed.

Footnotes

1. Act of June 1, 1937, P.L. 1168, No. 294, *as amended,* 43 P.S. §§ 211.1-211.13.

2. The PLRB has filed a motion to quash Kaolin's reply brief for failure to comply with the rules of appellate procedure. Our review of the reply brief reveals that it substantially complies with the applicable rules. Accordingly, the PLRB's motion to quash is denied.

3. Section 6 (2) of the Act specifically provides that "it shall be an unfair labor practice for a labor organization, or any officer or officers of a labor organization, or any agent or agents of a labor organization, or any one acting in the interest of a labor organization, or for an employee or for employees acting in concert —" 43 P.S. § 211.6(2).

Source: Leagle

KAOLIN MUSHROOM FARMS INC v.
PENNSYLVANIA LABOR RELATIONS BOARD

Commonwealth Court of Pennsylvania.

**KAOLIN MUSHROOM FARMS, INC., Petitioner, v.
PENNSYLVANIA LABOR RELATIONS BOARD, Respondent.**

Decided: November 10, 1997

Before DOYLE and PELLEGRINI, JJ., and MIRARCHI, Jr., Senior Judge. Brian F. Jackson, Harrisburg, for petitioner. Peter Lassi, Harrisburg, for respondent. Arthur N. Read and Samuel L. Spear, Philadelphia, for intervenor, Kaolin Worker's Union.

Kaolin Mushroom Farms, Inc. (Kaolin) appeals from an order of the Pennsylvania Labor Relations Board (PLRB or Board) certifying the Union de Trabajadores de Kaolin, also known as the Kaolin Workers Union (Union), as the exclusive bargaining representative for certain employees of Kaolin and dismissing Kaolin's post-election objections to the representation election held on May 27, 1993.

Kaolin is a Pennsylvania corporation that is engaged in the production and harvesting of mushrooms, with its principal place of business in Kennett Square, Pennsylvania. Kaolin owns and operates three mushroom farms in the Chester County, Kennett Square area, and a great number of its employees are "migrant farm workers." These employees vary in ethnic background from Hispanic to Vietnamese to Cambodian, and a large percentage of Kaolin's employees are of Hispanic origin and speak only Spanish.

I.   FACTUAL AND PROCEDURAL HISTORY

On April 6, 1993, Kaolin filed an unfair labor practice charge with the Board in which it alleged that the Comité de Apoyo a los Trabajadores Agrícolas (CATA) [1] committed unfair labor practices in violation of Sections 6(2)(a), (b) and (e) of the Pennsylvania Labor Relations Act (PLRA). [2] On April 16, 1993, the Board issued a complaint and notice of hearing on the charge and scheduled a hearing for May 21, 1993.

On May 3, 1993, two representatives and members of the Union filed a Petition for Representation with the Board, seeking to represent certain full-time and regular part-time workers employed by Kaolin. On May 11, 1993, the Union also submitted a request filed pursuant to Section 7(c) of the PLRA, 43 P.S. § 211.7(c), that an expedited election occur within twenty days.

On May 21, 1993, the Board ordered and directed that an election by secret ballot occur on Thursday, May 27, 1993. The Board's Order and Notice of Election further provided that the election would be held in three phases: from 4:00 a.m. to 6:30 a.m. at Kaolin's Alpine farm in Landenberg; from 7:15 a.m. to 12:30 p.m. at the utility shed at Kaolin's facility in Kennett Square; and from 3:00 p.m. to 6:00 p.m. in the cafeteria at the Kennett Square facility. The Board's Order and Notice of Election included sample ballots printed in English, Spanish, Vietnamese and Khmer, [3] and Kaolin duly produced and posted the order, notice and ballots as required by the Board.

The representation election was conducted on May 27, 1993, by two Board election officials, Theresa McGeehan and Timothy Tietze. Two hundred sixty-three (263) individuals cast ballots in the election, with one hundred twenty-four (124) cast in favor of union representation, one hundred one (101) votes cast for "No Representative," and thirty-eight (38) votes initially challenged and uncounted.

Following the election, the parties entered into a stipulation of facts with respect to PLRB jurisdiction and the challenged ballots.[4] Subsequently, on July 6, 1993, the hearing examiner issued an order styled as "Order Determining Appropriateness of Unit and Providing for Canvassing and Counting of Impounded and Certain Challenged Ballots." Pursuant to this order, seven of the thirty-eight challenged ballots were resolved, six of which were cast for the Union and one which was cast for "No Representative."

On July 20, 1993, Kaolin filed and served objections to the election and subsequently filed and served amended post-election objections on July 22, 1993. Before the Board, the objections upon which Kaolin's challenge to the election was based included the following: unremedied unfair labor practices committed by CATA which formed the basis of the charges filed by Kaolin on April 8, 1993; the fact that "Kaolin's observers noticed on several occasions two or more persons occupying the balloting area"; the inefficacy of the Spanish interpreter present during the election; the thirty to forty-five minute delay in the commencement of voting at the Kennett Square facility;[5] and the presence of the press around the polling area. (Amended Post-Election Objections; R.R. at 45-64.) Kaolin requested that, on the basis of these objections, the Board set aside the previous election and direct and order a new representation election.

The Board held hearings between August 9, 1993, and June 2, 1994, during the course of which the unfair labor practice charges, filed by Kaolin against CATA on April 6, 1993, were consolidated with Kaolin's post-election objections. The hearing examiner issued a Proposed Decision and Order on April 5, 1995, in which he addressed the unfair labor practice charges filed against CATA and found, inter alia, that CATA had a complete defense pursuant to Section 10 of the Act[6] because Kaolin had also engaged in unfair labor practices.[7] However, the hearing examiner, although dismissing the majority of Kaolin's post-election objections, sustained Kaolin's objections relating to the inadequacy of the Spanish interpreter present during the election (discussed below) and ultimately concluded that the election should be set aside.

The remaining challenged ballots were opened, canvassed and counted on March 8, 1996, and, on March 12, 1996, the Board issued an Order Directing Remand to Board Representative in which it found as a fact that the final tally of ballots cast in the election was 140 ballots cast in favor of the Union, 102 ballots cast for "No Representative," and one remaining challenged ballot.[8] The Board amended the hearing examiner's Proposed Decision and Order by setting forth "amended and additional findings of fact" in its Order Directing Remand to Board Representative and declined to set aside the election, reasoning that Kaolin failed to establish that the alleged improper conduct affected enough votes to have an impact on the outcome of the election.

On March 22, 1996, the Board issued a Nisi Order of Certification in which the Board certified the Union as the exclusive bargaining representative of Kaolin's mushroom laborers.[9] On June 11, 1996, the Board issued a Final Order in which it made its prior Nisi Order of Certification final and dismissed Kaolin's post-election exceptions. This appeal ensued.[10]

On appeal, Kaolin argues that the Board erred as a matter of law by refusing to set aside the representation election and order a new election, and by certifying the Union as the exclusive bargaining representative on the basis of what its contends was a "tainted" election. Specifically, Kaolin argues that the Board should have ordered a new election because the following "procedural irregularities" tarnished the "laboratory conditions" necessary for the employees to express their free and fair choice in the election: (1) because the Spanish interpreter appointed by the Board was so incompetent that she was incapable of communicating election procedures to an electorate that understood virtually no English and was "largely illiterate" in both Spanish and English; (2) because certain voters who lacked identification were improperly disenfranchised of their right to vote in the representation election; (3) because the methods employed by the Board to verify the identity of certain voters created the impression that the secrecy of the election was being compromised; (4) because the Board failed to adequately control the polling areas by permitting electioneering, allowing a member of the press to be in the polling area with a camera for approximately twenty seconds, and, in some instances, permitting two voters to be in a voting booth at the same time, resulting in coercion and further compromising the secrecy of the election; and (5) because the election was tainted by certain unfair labor practices committed by CATA seven to eight weeks prior to the election.

II. ANALYSIS

As an initial matter, we note that Kaolin in its brief places much emphasis on the fact that the hearing examiner ultimately concluded that, "notwithstanding the margin of victory, the provision of an inadequate Spanish interpreter is a serious blow to the laboratory conditions which requires that a new election must be held." (Proposed Decision and Order, 4/5/95, at 100; R.R. at 168.) However, this fact is of little consequence for appellate purposes, because it is the order and findings of the Board, and not those of the hearing examiner, which are subject to appellate review by this Court. See Gioia v. Unemployment Compensation Board of Review, 661 A.2d 34 (Pa.Cmwlth.1995). As we stated in Xilas v. Pennsylvania Labor Relations Board, 65 Pa. Commonwealth. 18, 441 A.2d 513 (1982):

Section 8(b) of the PLRA, 43 P.S. § 211.8(b), provides that a hearing regarding an unfair labor practice charge be conducted 'before the Board, or any member or designated agent thereof,' and section 8(c), 43 P.S. § 211.8(c) requires that testimony taken at such a hearing be reduced to writing and filed with the Board. Section 8(c) specifically provides that, based upon such testimony, the Board shall determine whether or not an unfair labor practice has been committed and 'shall state its findings of fact.' We believe that this language clearly designates the Board as the ultimate finder of fact with the discretion to evaluate the credibility of the witnesses based upon the testimony in the record. In this regard, the role of the Board as fact finder is similar to that of the Unemployment Compensation Board of Review which is permitted to resolve credibility issues and to make findings without being bound by a referee's disposition of those matters. See Unemployment Compensation Board of Review v. Wright, 21 Pa.Commonwealth Ct. 637, 347 A.2d 328 (1975). We must, therefore, hold that the Board, not its appointed hearing examiners, has the final authority to determine issues of credibility.

Id. 441 A.2d at 515 (emphasis added). Consequently, we cannot give the hearing examiner's decision or findings of fact the weight or import suggested by Kaolin in its brief.

Although Kaolin contends in its brief that the Board's failure to maintain perfect laboratory conditions necessitates a new election, it is a well-settled principle of labor law that the theoretical concept of laboratory conditions must be realistically applied. See, e.g., Amalgamated Service & Allied Industries Joint Board, Amalgamated Clothing & Textile Workers

Union v. NLRB, 815 F.2d 225 (2d Cir.1987). As the United States Court of Appeals for the Second Circuit stated in Amalgamated Service & Allied Industries Joint Board:

Throughout its briefs, the Company emphasizes that if the Board fails to maintain "laboratory conditions" for the conduct of an election, the election must be invalidated. The idea of laboratory conditions is a useful guide for measuring the conduct of an election. However, it is probably not possible to completely achieve such ideal conditions, and elections will not automatically be voided whenever they fall short of that standard. Rather, the idea of laboratory conditions must be realistically applied. The Board has broad discretion to determine whether the circumstances of an election come sufficiently close to laboratory conditions so that employees can exercise free choice in deciding whether to select the union as their representative.

Id. at 227 (emphasis added) (citation omitted); see also NLRB v. Duriron Co., 978 F.2d 254, 256 (6th Cir.1992) ("'Laboratory conditions' are not always achieved in practice, and elections are not automatically voided whenever they fall short of perfection."); NLRB v. Bayliss Trucking Corp., 432 F.2d 1025, 1029 (2d Cir.1970) ("More than the theoretical possibility of a tainted result must be established before we will overturn the Board's conclusion that the [procedural] irregularity was harmless.").

Although Pennsylvania case law relating to the applicable standard for setting aside a representation election is rather sparse, such standards are firmly established as a matter of federal law, and we are thus persuaded to apply the same standards:

Representation elections are not to be set aside lightly. The party challenging an election carries a heavy burden: the objecting party must 'show by specific evidence not only that improprieties occurred, but also that they interfered with employees' exercise of free choice to such an extent that they materially affected the election results.'

Millard Processing Services, Inc. v. NLRB, 2 F.3d 258, 261 (8th Cir.1993) (emphasis added) (citations omitted) (quoting Beaird-Poulan Division, Emerson Electric Co. v. NLRB, 649 F.2d 589, 592 (8th Cir.1981)), cert. denied, 510 U.S. 1092, 114 S.Ct. 922, 127 L.Ed.2d 215 (1994); see also Bell Foundry Co. v. NLRB, 827 F.2d 1340, 1343 (9th Cir.1987) ("As the party challenging the election, [the employer] had the burden of showing by specific evidence at the hearing that 1) improprieties occurred, and 2) that they interfered with the employees' exercise of free choice to such an extent materially to have affected the election results."). Moreover, as the Second Circuit stated in NLRB v. Black Bull Carting, Inc., 29 F.3d 44, 46 (2d Cir.1994),

A party seeking to overturn an election on the ground of a procedural irregularity has a heavy burden, and the presence of such an irregularity is not in itself sufficient to overturn an election.Nor is it sufficient for a party to show merely a "possibility" that the election was unfair.Rather, the challenger must come forward with evidence of actual prejudice resulting from the challenged circumstances.

Id. at 46 (citations omitted). Thus, it is clear that an indispensable part of asserting a successful challenge to a representation election is to establish that, but for the alleged objectionable conduct or procedural irregularities, the result of the election would have been different. E.g., NLRB v. Earle Industries, Inc., 999 F.2d 1268, 1272 (8ᵗʰ Cir.1993) ("The party challenging the outcome of the election bears the heavy burden of 'producing evidence sufficient to mandate a result different from that obtained through the casting of ballots.'") (quoting NLRB v. Krafcor Corp., 712 F.2d 1268, 1269 (8ᵗʰ Cir., 1983).

'A determination of whether the results of a representation election have been materially affected by certain conduct or irregularities, and whether the result would have been different in their absence, necessarily entails a consideration of the totality of the circumstances. However, "the cumulative impact of several incidents 'may not be used to turn a number of insubstantial objections to an election into a serious challenge.'" NLRB v. Lake Holiday Associates, Inc., 930 F.2d 1231, 1238 (7ᵗʰ Cir.1991) (quoting NLRB v. Browning-Ferris Industries of Louisville, Inc., 803 F.2d 345, 349 (7ᵗʰ Cir.1986)) (internal quotation marks omitted).

It is with these principles in mind that we consider Kaolin's objections to the representation election and order of the Board.

A.   The Spanish Interpreter

Kaolin's principal argument on appeal is that the ineptitude of the Spanish interpreter destroyed the requisite laboratory conditions of the representation election to such an extent that it prevented the employees from exercising their free choice in deciding whether to select the Union as their collective bargaining representative.

In its March 12, 1996 order, the Board stated as follows:

With regard to the issue of the Spanish interpreter, the hearing examiner found that the interpreter was unable to meaningfully assist voters who had questions regarding the voting procedure and the ballot. However, as discussed above in sustaining exceptions to these findings, the hearing examiner's findings were based on speculative testimony by Kaolin's election watchers rather than testimony by the employees who were actually doing the voting. Upon review of the record, we find Kaolin only offered testimony by a single employee that he did not understand the nature of his vote. Otherwise, there is no evidence on the record to show that any voter failed to vote or was unable to exercise the right to vote due to problems with translation.

(Board Order, 3/12/96, at 9.) Notwithstanding the fact that the incompetence of the Spanish interpreter is not in dispute, we must conclude that the Board did not abuse its discretion in reaching this conclusion.

As noted above, the so-called "laboratory conditions" standard is an abstract concept which must be applied in a practical manner; in this respect, it is more of a theoretical objective than a definitive legal standard. See Amalgamated Service & Allied Industries Joint Board, Amalgamated Clothing & Textile Workers. The mere fact that the election conditions were less than ideal is not, by itself, a sufficient basis for setting aside the election results altogether. Duriron Co. The party challenging a representation election must establish a causal relationship that the irregularities materially affected the results of the election, and, in this case, the Board found that Kaolin failed to meet its burden in this regard. We would have to agree.

As the Board observed, Kaolin presented the testimony of a single employee, Jose Tapia, who testified that he did not understand the nature of his vote.

After a review of Mr. Tapia's testimony, however, we question whether this employee's confusion was purely the result of any ineffectiveness on the part of the Spanish interpreter. Indeed, certain aspects of Mr. Tapia's testimony indicate that he would most likely have had difficulty understanding the nature and gravity of his vote even if there had been a competent Spanish interpreter present to assist him. When questioned by counsel for the Union on cross-examination, Mr. Tapia testified as follows:

Q: Mr. Tapia, you indicated that you can read in Spanish, is that correct?

A: Yes.

Q: I am going to show you a piece of paper which has been marked as Union Exhibit No. 1, and I am going to ask you to take a moment and just read the piece of paper in front of you over to yourself, okay? Just take a moment and read the piece of paper in front of you.

(Witness perusing document.)

MR. READ: I am going to ask the translator to translate from the written Spanish beginning with the word "eleciones," the paragraph that follows be read aloud into English.

(Interpreter reading document aloud in Spanish.)

MR. READ: If you could translate [that] paragraph into English, please?

MR. RODRIGUEZ[11]: This election is to determine a person to represent the workers for collective negotiations of the price of pay, salary, hours and other conditions of work, of the workers, and it will form a subdivision of the collective negotiation of the Employer which will be determined by Pennsylvania Board of Relations of work.

Q: Senior Tapia, did you understand the paragraph that the translator read to you when he read it in Spanish?

A: Not very well. We come from an area where there is not too much studies. A lot of the words, I do not understand.

Q: Okay. Did you attend any meetings at the company at which Mr. Pia and other officials of the company, including Mira, spoke at Alpine-in advance of the election?

A: Yes.

Q: Did you understand that an election was being conducted on May 27th to determine whether or not there would be a union in the company?

A: Yes.

MR.READ: Let me have you look at the bottom of the piece of paper [(the ballot)], if you would, and ask you to read the part first beginning with the word "marque" to the witness, and then the two choices for the two boxes.

First read it in Spanish and then translate it.

(Interpreter reading document in Spanish.)

MR. READ: Okay, if you will translate that to English, now, please?

MR. RODRIGUEZ: Mark only one square. Mark a cross in the square that you will prefer. Kaolin's union of workers; bottom one, no representative.

Q: Were you able to read the part beginning at the middle of the page that the translator just read to you? Were you able to read that in Spanish?

A: (Witness nods.)

A: I cannot. I cannot understand what this means, and this means (indicating).

Q: Are you able to understand that the instructions tell you to choose between one of the two boxes?

Q: Okay. Pointing to the Kaolin Worker's Union, and the No Representative boxes.My first question to you is, did you understand that the instructions in the middle of the page told you to mark an "X" in one box or the other?

A: I can't understand that. There will be an "X" put in either one of the boxes. I was expecting that it would say: yes, union; no, union.

(Notes of Testimony (N.T.), 8/19/93, at 254-58; R.R. at 296-300.)

Thus, the record indicates that after being read the ballot in Spanish during the hearing, by a presumably competent Spanish interpreter (Ricardo Rodriguez), Mr. Tapia still did not comprehend the ballot.[12] This fact becomes even more puzzling when considering that the Board's order and the sample ballots were posted in various locations, including an area beside the time clock, for review by the employees prior to the election and that the employees thus had ample opportunity to evaluate the ballot choices in advance.

Yet, Mr. Tapia testified that the primary reason he was so confused by the ballot was because he expected the ballot to read simply "yes, union" or "no, union." (N.T., 8/19/93, at 258; R.R. at 300.) However, the ballots were straightforward, and, although the ballot did not have those choices verbatim, they had choices worded nearly identical to those: "Union de Trabajadores" or "No representante." (R.R. at 9.) (Emphasis added.)

The purpose of interpreters at Board conducted representation elections is to explain the voting procedures and not to provide a detailed explanation of the labor law concept that choosing "no representative" is not necessarily tantamount to voting in favor of your employer.[13] Mr. Tapia's testimony reveals that he understood the ballot choice stated "no representative" in Spanish; he simply did not understand that selecting that choice was the equivalent of selecting, in his words, "union, no." In his mind, the representation election required him to vote for either the union or his employer. Based on his testimony, it appears that Mr. Tapia's confusion derived from the fact that the name of the employer did not appear on the ballot. However, it is the policy of both the NLRB and the PLRB not to style ballot choices as votes for either the union or the employer or to promote representation elections as necessarily pitting the union against the employer. See 34 Pa.Code § 95.51(b); see also Section 605(4) of the Public Employee Relations Act (PERA), Act of July 23, 1970, P.L. 563, as amended, 43 P.S. § 1101.605(4).

Therefore, we question whether Mr. Tapia's confusion was, in fact, causally related to the Spanish interpreter and whether a fluent interpreter would have permitted him to cast a ballot more informed than the one he claims to have cast. It is difficult to believe that, with the Board's order and sample ballots posted, and after attending union organization meetings, this individual still did not even know the name of the union, especially when he stated that he was capable of reading Spanish. (N.T., 8/19/93, at 254-55; R.R. at 296-97.)

Of critical importance, however, is the fact that the confusion on the part of this single employee is not sufficient to establish that confusion "pervaded" the election, and it is certainly not sufficient to establish that a representation election, in which 243 voters participated and in which 140 votes were cast in favor of the Union, was so materially impacted as to warrant setting aside the entire election and holding a new one. See Millard Processing Services, Inc.; Bell Foundry Co.

We note that Kaolin also relies heavily on the testimony of two of Kaolin's election observers, Mayra May and Kristen Gotwals, who testified that, based upon comments purportedly made by employees during the election, they believed many of the voters were confused by the Spanish interpreter. The hearsay testimony of Ms. Gotwals was properly objected to by counsel for the Union, and that objection was ultimately sustained by the hearing examiner. Although the testimony of Ms. May was not objected to on the basis that it was hearsay, it was objected to on the basis that it was incompetent because it was mere speculation as to the employees' states of mind. Kaolin nevertheless argues that the Board abused its discretion in ascribing little evidentiary weight to the testimony of Ms. May and Ms. Gotwals.

The Board concluded as follows:

We agree with the Union's contention that the testimony of the Kaolin election watchers is not substantial, probative evidence that employees did not understand the voting process or meaning of the ballot. The Kaolin election watchers simply offered their own subjective opinion regarding these matters (over objection by Union counsel that the witness could not offer probative testimony). Such opinion testimony by a witness, who is obviously aligned with the employer and cannot possibly know what is transpiring in the minds of the voters, is not substantial evidence for a finding of fact that employees lacked sufficient understanding to freely exercise their choice for or against representation by the Union.

Kaolin watcher, May, further testified that she believed voters were confused because the translator explained that the upper box was for the 'Union' and the lower box was 'no representative.' The reason for May's concern was that the translator 'didn't say Kaolin' in referencing a voter's choice not to vote for the Union. However, it is not the Board's policy to style ballot choices as votes for the union or the employer. The 'employer' never appears as a ballot choice in Board conducted elections. We find that May's testimony, premised on the failure of the translator to communicate to voters that a vote not for the Union is support for Kaolin, does not provide an adequate foundation to base conclusions regarding the voters' state of mind.

(Board's Order Directing Remand to Board Representative, 3/12/96, at 4-5.)

In order to address this issue, we must first consider the evidentiary principles enunciated by this Court in Walker v. Unemployment Compensation Board of Review, 27 Pa.Commonwealth 522, 367 A.2d 366 (1976).

(1) Hearsay evidence, properly objected to, is not competent evidence to support [a finding]. (2) Hearsay evidence, admitted without objection, will be given its natural probative effect and may support a finding, if it is corroborated by any competent evidence in the record, but a finding of fact based solely on hearsay will not stand.

Id. 367 A.2d at 370 (citations omitted). Thus, because the testimony of Ms. Gotwals was properly objected to by counsel for the Union, and because hearsay testimony which has been properly objected to is not competent testimony to support a finding by an administrative agency, the Board did not err in ascribing little probative value to this evidence.

With respect to the hearsay testimony of Ms. May, as noted above, the only objection made by counsel for the Union was that her testimony was unduly speculative in nature. Therefore, such testimony may be given its natural probative effect by the Board only if such un-objected to hearsay was corroborated by other competent evidence of record. However, even assuming arguendo that Ms. May's testimony was sufficiently corroborated by the testimony of Mr. Tapia to have any probative effect, we would nevertheless have to conclude that the Board did not err in ascribing little evidentiary weight to this evidence as well. As we stated in Walker, un-objected to hearsay is to be given its "natural probative effect," and, in the Board's estimation, the probative value of Ms. May's testimony was drastically discounted by its speculative nature as well as by Ms. May's strong allegiance to Kaolin in this case. The Board is the ultimate fact finder and is therefore entitled to make its own determinations as to witness credibility and evidentiary weight. Peak v. Unemployment Compensation Board of Review, 509 Pa. 267, 501 A.2d 1383 (1985). In this case, we do not believe that there exists a sufficient basis for usurping the Board's role in this regard, and we thus decline to do so.

B.   Voters Who Lacked Proper Identification and Two Voters in One Booth at the Same Time

Kaolin also argues that we should set aside the representation election and order a new one because "the board disenfranchised voters who lacked identification." [14] The circumstances surrounding this facet of the case are best expressed by the findings of the hearing examiner as adopted by the Board:

199. At the beginning of the election, the election officers asked each of the voters for identification in conformity with the election officers' understanding of the order of the PLRB that employees 'shall bring' identification.

200. Shortly after the election began at the Alpine farm, a voter came to vote without identification. Ms. McGeehan informed the voter that he could not vote without identification, and he left the site. The Spanish interpreter told the workers waiting in line outside in broken Spanish that if they did not have identification they would have to leave. The interpreter's comments caused a lot of commotion among the workers in line and a number of them walked away.

202. The **PLRB** representatives and attorneys for the parties to the election agreed within five minutes of this occurrence, that pending further instructions by the **PLRB**'s Representation Coordinator, John Neurohr, the **PLRB** would allow anyone without identification to vote subject to challenge by the **PLRB** based upon lack of identification.

203. The election was not stopped while the identification issue was resolved. The issue was promptly resolved between counsel for Kaolin and the Union and the **PLRB**.

204. The person who was initially told that he could not vote without identification ultimately was allowed to vote, but was challenged by the **PLRB** representatives.

206. Kaolin's counsel,[Robert Haas,] attempted to contact Mr. Neurohr at the **PLRB**'s Harrisburg office as soon as that office opened at 8:30 a.m.Mr. Neurohr spoke with Mr. Haas a short time later and Haas informed him that the **PLRB** was challenging voters who lacked identification. Mr. Neurohr informed the chief counsel of the **PLRB** that it was his understanding that it was up to the parties, and not the **PLRB**, to challenge voters who lacked identification.Shortly thereafter, the Chief Counsel of the **PLRB** directed Mr. Tietze to cease the challenging of voters without identification.

207. At small group meetings held immediately prior to the election Kaolin reviewed with workers provisions as to the challenging of ballots and reassured workers that the vote of persons who were challenged would remain confidential.

208. After Ms. McGeehan made the decision that workers without identification could vote subject to challenge, Ms. May made an effort to communicate with persons who had left the voting area to tell them they could vote. Ms. May went out to the bus which had brought 30-35 workers from the M & J plant of Kaolin to the Alpine plant voting site in order to tell workers there that they could vote even if they did not have identification. Ms. May was able to gather four of the workers who had left the polling area after having been told that they could not vote without identification.

(Proposed Decision and Order, 4/5/95, at 43-45; F.F. Nos. 199-200; 202-04; 206-08; R.R. at 111-13.)[15]

Additionally, Kaolin argues that its election observers witnessed, on a number of occasions, two voters occupying the same voting booth at the same time, and, consequently, that here again the requisite laboratory conditions were sufficiently tainted to set aside the election results.

With respect to these issues, the Board, in its March 12, 1996 order, concluded as follows:

The presence of more than one voter in the voting booth at the same time is a most serious matter because the secrecy of the ballot may thereby be compromised. Where there is evidence of more than one voter in a voting booth at the same time, the National Labor Relations Board views the ballots of those voters as "impaired" and then considers whether the number of impaired ballots is sufficient to affect the results of the election. Where the margin of victory in the election exceeds the number of impaired ballots, the NLRB does not overturn the election on that basis.

The hearing examiner found that a PLRB election officer observed two voters in the voting booth at the same time four to five times during the election. However, even if we take the higher number of five and conclude that ten ballots were thereby impaired, the Union prevailed by 38 votes. Therefore, the occurrences of more than one voter in the voting booth, in and of themselves, do not warrant setting aside the election, but must be regarded in the context of the potential impact on the election outcome.

The hearing examiner found that three of the ten employees who left the polling area because of lack of identification did not vote, although at least two of these employees voluntarily chose not to return to vote after being informed that they could do so even without identification (F.F. Nos.] 210-211, 216.) The hearing examiner also found, consistent with the testimony of a Kaolin election watcher, that she was able to 'gather' four of the employees who had left the polling area because they lacked identification and brought them back to vote. (F.F. [No.] 208.) Thus, viewing the hearing examiner's findings in the light most advantageous to Kaolin, between three and six employees did not vote because of the identification issue. However, even if we assume that all of these employees would have voted against representation by the Union, their votes would not change the election result. Indeed, regardless of whether the number of employees affected by the identification issue is three (as found by the hearing examiner) or six (under a best case scenario for Kaolin), their cast votes would not change the election result, even if added to the number of votes impaired by the presence of two voters in a voting booth at the same time (ten).

(Board Order, 3/12/96, at 8-9.) (Citations omitted.)

Even adopting the figures most favorable to Kaolin regarding two voters occupying one booth, and assuming that all employees who did not vote due to lack of identification would have selected "no representative," the total number of votes alleged to have been impaired is still only 17 (including the vote of Mr. Tapia who testified he was confused) and is therefore insufficient to compensate for the Union's margin of victory, which was 38 votes. As noted above, it is a firmly established labor law principle that the number of successfully challenged ballots must be sufficient to affect the outcome of the election. E.g., Bridgeport Fittings, Inc. v. NLRB, 877 F.2d 180 (2d Cir.1989) (holding that, because the votes affected were not sufficient to alter the outcome of the election, the NLRB did not abuse its discretion in refusing to set aside a representation election where the ballots were not translated into Cambodian or Vietnamese). Therefore, we must agree with the Board's conclusion and reject these grounds as a basis for setting aside the election and ordering a new one.

C.   Alleged Improper Electioneering

Kaolin next argues that the election should be set aside due to alleged improper electioneering that took place when employees supporting the union congregated outside the polling area, wore pro union T-shirts, and yelled in Spanish to employees things such as: "If you're not voting for the Union, just go back."

The Pennsylvania Code provides that improper electioneering may be the basis for setting aside a representation election:

§ 95.52   Procedures for on-site elections.

(b)   Polling area. Before the commencement of an on-site election, the agent of the Board will designate the polling area. No electioneering of any kind may take place within this area. A violation of this requirement by any party or its agent may be grounds for setting aside the election.

34 Pa.Code. § 95.52(b) (emphasis added). The Board's election officer designated the voting room and its contents as the polling area.

Kaolin argues that, although the electioneering in this case occurred outside the area designated as the "polling area," we should nevertheless set aside the election because "the restricted delineation of the polling area to exclude the area immediately outside of the voting room at the Kennett plant, and the Board's acceptance of this delineation, constitutes reversible error." (Kaolin's Brief at 47.) Thus, Kaolin urges us to construe the polling area to be broader than that defined by the Board and to conclude that the electioneering which took place occurred within this expanded area. However, we must reject this argument for several reasons. First, the statute is clear that the Board agent has the discretion to designate the polling area and that the prohibition against electioneering applies only to this area. It is well settled that, "in reviewing the discretionary acts of an agency, a reviewing court may interfere only when there has been a manifest and flagrant abuse of discretion or a purely arbitrary execution of the agency's functions or duties." Keystone Health Plan West v. Department of Health, 147 Pa.Commowealth 686, 609 A.2d 612, 615 (1992) (citing Slawek v. State Board of Medical Education & Licensure, 526 Pa. 316, 586 A.2d 362 (1991). The record does not indicate that such was the case here.

Second, the electioneering involved in this case was engaged in by union-supporting employees, rather than by union officials or representatives, and the significance of this distinction is conceded by Kaolin in its brief. When electioneering is conducted by third parties, such as pro union employees, rather than by parties to the election itself, it is gauged by a less exacting standard in determining whether it justifies setting aside the election. As the United States Court of Appeals for the Eleventh Circuit observed in Certainteed Corp. v. NLRB, 714 F.2d 1042 (11th Cir.1983),

Activities of a union's employee-adherents which are not attributable to the union itself receive less weight in determining that an election should be set aside. NLRB v. Southern Metal Service, Inc., 606 F.2d 512, 515 (5th Cir.1979). Their coercive conduct or other actions must be 'so aggravated that a free expression of choice of representation is impossible.'

Id. at 1060 (quoting NLRB v. Monroe Auto Equipment Co., 470 F.2d 1329, 1332 (5th Cir.1972), cert. denied, 412 U.S. 928, 93 S.Ct. 2752, 37 L.Ed.2d 155 (1973). The electioneering was not "so aggravated" in this case to render impossible the employee's expression of free choice. In fact, the electioneering engaged in by pro- union employees in this case, i.e., wearing pro union T-shirts and shouting "vote for the union or go back," seems to have been relatively mild. The record does not indicate that any threats of reprisal or physical intimidation occurred or that these employees were in any way verbally abusive or intimidating. Although these latter methods of electioneering arc not essential to justify setting aside a representation election, the record before us certainly does not indicate that the electioneering efforts were so egregious, influential, or aggressive to warrant such an extreme measure.

Last, even if we were to accept Kaolin's proposed expanded

no-electioneering area, the language of the statute, as well as decisions of the NLRB, indicate that the mere existence of electioneering at the election site is not, by itself, sufficient to set aside a representation election.[16] We also find persuasive the Eleventh Circuit's conclusion in the Certainteed Corp. case cited above:

The non-party electioneering at issue here appears to have been random, spontaneous and limited to brief remarks. No employee stated that he was confused, distracted, pressured, intimidated or influenced in any way in his voting, and only one voter stated he even heard these comments while in the voting area. In the absence of any evidence of influence or intimidation, the Company did not sustain its burden of showing disruption of the election or impairment of free choice.

Id. at 1063 (citing NLRB v. Aaron Brothers Corp., 563 F.2d 409, 412 (9th Cir.1977); NLRB v. Golden Age Beverage, 415 F.2d 26, 31 n. 25 (5th Cir.1969)).

Similarly, in the instant appeal, although a few employees testified that they observed the electioneering taking place outside of the voting room, no employee testified that they were influenced or intimidated by that activity or that their free choice in casting their ballot had been impaired in any way. Therefore, although the statute prohibits electioneering of any kind within the "polling area," we must conclude that, even if we were to accept Kaolin's expanded definition of "polling area," Kaolin failed to meet its burden in establishing that the impact of the electioneering was such that the results of the election should be set aside.

D. Media Presence

Kaolin also claims that the presence of the media "in and around the voting rooms during the election constituted an impermissible interference." In so arguing, Kaolin cites a Venango County Court of Common Pleas decision, In re Employees of Oil City Hospital, 5 Pa. Pub. Employee R. 1, 74 Lab. Cas. 53,410, 1974 WL 18288 (Venango Co. C.P.1974), order set aside and case remanded, 18 Pa.Commonwealth 192, 335 A.2d 537 (1975), in which Board agents permitted members of the press to take photographs of voters while in the act of voting and to remain in the polling area for approximately twenty-five minutes.

The following findings of fact were made by the hearing examiner and adopted by the Board on this issue:

232. **PLRB** Election Officer McGeehan was aware of one time at approximately 11 a.m. in Kennett Square when a member of the press came into the voting area who had a camera on his shoulder without a red blinking light on indicating that it was taping.There may have been two other members of the press with him.Ms. McGeehan 'immediately told him to get out of the election site, but he could come in after to film, or at the next site before the election starts.' This individual was in the voting area for twenty seconds.

233. At the second polling site, Election Officer Tietze encountered two members of the media approximately twenty-five feet from the door to the voting room. Mr. Tietze informed them that they were not permitted to film in that area. Mr. Tietze was not present when the media entered into the polling area.

234. While voting was in progress, Mr. Pia and Mr. Wagoner observed a person with a television camera immediately outside of the voting area at the Kennett farm for approximately ten to fifteen minutes. In addition, a reporter walked next to the voting room and loitered outside the voting room talking to voters for approximately five to ten minutes.

(Proposed Decision and Order, 4/5/95, at 49; F.F. Nos. 232-34; R.R. at 117.)

We find Kaolin's reliance on the In re Employees of Oil City Hospital decision to be misplaced. First, this Court set aside the lower court's order in Oil City Hospital and remanded that matter for further proceedings on the issue of jurisdiction. Second, in the Oil City Hospital case, the press was permitted to remain in the polling area for an extended period of time, and no board agent undertook measures to remove him from the area.[17] Furthermore, the media in that case actually photographed employees while in the act of voting.

No evidence in this case, however, indicates that voting was actually filmed or, perhaps more important, that the employees had the perception that such filming was taking place. The record only indicates that members of the media were present outside of the polling area at brief moments during the election, and that one member of the press was in the voting room without filming for approximately twenty seconds before being removed. The record also does not indicate that a single employee was in any way influenced or intimidated by the media presence. Moreover,

Kaolin cites no relevant authority for the proposition that an election must be set aside simply where members of the media were present outside of the polling area.

Consequently, we cannot agree with Kaolin that the brief media presence inhibited the expression of free choice by the employees during the election, and we must therefore reject this argument and accept the Board's position that the media presence did not have an impact on the election sufficient to set it aside.

E.   Alleged Unfair Labor Practices by CATA

Finally, Kaolin argues that the May 23, 1993 election should be set aside due to unfair labor practices committed by CATA seven to eight weeks prior to the election. The relationship between CATA and the Union is not discussed by either party in its briefs and is not explicitly described anywhere else in the record.[18] However, assuming, arguendo, that the Union and CATA are sufficiently affiliated for the acts of one to be imputed to the other, we still must conclude that the Board did not err in determining that these alleged unfair labor practices did not have a material impact upon the election.

Factors which the Board may consider include the severity of threats or incidents, the number of workers threatened and the proximity of the threats in time to the election. Zeiglers Refuse Collectors, Inc. v. NLRB, 639 F.2d 1000, 1005 (3d Cir.1981) (citing Monmouth Medical Center v. NLRB, 604 F.2d 820, 823 n. 4 (3d Cir.1979). If the board determines that there was a substantial possibility that the threats or incidents affected the outcome of the election, the election must be set aside, and a new election held. Id.

In this regard, this Court has specifically held that the Board has broad discretion in determining whether an unfair labor practice precludes a fair election. Charley v. Pennsylvania Labor Relations Board, 136 Pa.Commonwealth. 411, 583 A.2d 65 (1990), and, as noted above, we will only review the Board's discretionary acts upon a finding of bad faith, fraud, capricious action, or abuse of power. Id. 583 A.2d at 67. In the present case, Kaolin has failed to make such a showing.

The hearing examiner concluded that the seven-to-eight- week period between the alleged unfair labor practices and the election was too remote to have an impact on the election, and the Board adopted this conclusion. As the hearing examiner noted, "the NLRB typically refuses to overturn elections based upon conduct occurring prior to the date the representation petition was filed" absent a showing of pre-petition threats or violence that are so egregious that an atmosphere of coercion still remained at the time of the election. See NLRB v. Claxton Poultry Co., Inc., 581 F.2d 1133 (5ᵗʰ Cir.1978). Both the Board and the hearing examiner agreed that such threats or violence did not occur in this case, and the record does not indicate otherwise.

III. CONCLUSION

Considering the record before us and our limited standard of review on appeal, we must conclude that the evidence of record simply is not sufficient to overcome the presumptive validity of the election results or the deference this Court is required to give decisions of the Board in such matters.

Order affirmed.

ORDER

NOW, November 10, 1997, the order of the Pennsylvania Labor Relations Board in the above-captioned matter is hereby affirmed.

Footnotes

1. Translated into English, CATA is an acronym for the Farmworkers Support Committee. CATA is a nonprofit corporation with its headquarters in Glassboro, New Jersey. One of CATA's principal purposes and functions, as defined in its articles of incorporation, is to assist farmworkers to obtain more favorable working conditions and to help farmworkers resolve problems at the workplace.

2. Act of June 1, 1937, P.L. 1168, as amended, 43 P.S. § 211.6(2)(a)-(c), (e). Specifically, Kaolin alleged, inter alia, that CATA, by its officers and agents, engaged in acts of trespass, violence, threats, intimidation and destruction of private property in violation of the PLRA. Kaolin further alleged that these acts were performed in connection with a labor strike which began on April 1, 1993, and that they were intended to coerce the employees of Kaolin to select the Union as their exclusive collective bargaining representative.

3. Khmer is the official language of Cambodia.

4. The Board's jurisdiction over the employees at issue in this case has not been challenged by either party. We note, however, that, because most mushroom workers are considered to be performing "agricultural labor," under federal labor law they are not covered by the National Labor Relations Act (NLRA), which specifically excludes agricultural laborers from the definition of "employees" covered by the NLRA. See 29 U.S.C. § 152(3). Because the PLRA defines "employees" in substantially the same way as the NLRA, 43 P.S. § 211.3 ("the term 'employee', shall not include any individual employed as an agricultural laborer"), a valid argument may exist regarding whether the PLRA also excludes from the scope of its coverage the mushroom workers involved in this appeal. Our determination not to address this issue reflects the fact that it has not been raised as an issue by either party on appeal, and therefore, this opinion should not be interpreted as in

any way resolving that issue. See, e.g., Kaolin Mushroom Farms, Inc. v. United States, No. 77-4379, 1979 U.S. Dist. LEXIS 9649 (E.D.Pa. Sept. 21, 1979); Giorgi v. Pennsylvania Labor Relations Board, 293 F.Supp. 873 (E.D.Pa.1968); Gaspari v. Board of Adjustment of Township of Muhlenberg, 392 Pa. 7, 139 A.2d 544 (1958).

5. In its Amended Post-Election Objections submitted to the Board, Kaolin described the alleged consequences of this delay as follows:25. To promote an orderly election and to minimize interference from other workers, Kaolin had arranged for pickers employed at the Kennett facility to vote while on their shift, between 7:15 a.m. and 10:30 a.m.26. As a result of the significant delays caused by the PLRB's errors at the Alpine and Kennett facility, the voting was not completed among the pickers at the Kennett facility until long after the work shift among pickers at the Kennett facility had ended.27.Once the shift had ended, a large number of pickers who were believed to be union supporters converged in and near the voting area without authorization and proceeded to shout threats to and otherwise coerce those workers they perceived as being 'pro-company.' Had the election been conducted in a timely and proper manner as planned, this serious problem would not have occurred. Due to the activities of union supporters, on information and belief, workers left the Kaolin site without voting, and those that voted were coerced likely influencing the direction of their vote. (Amended Post-Election Objections at 8-9; Reproduced Record (R.R.) at 62-63.)

6. 43 P.S. § 211.10.1. This section provides as follows: Whenever the board shall find, as part of its findings of fact in any proceeding before it, that the party or parties filing charges of unfair labor practices upon which the complaint was based have engaged in an unfair labor practice (as defined in section six) in connection with or as part of the actions forming the basis of the complaint, such findings shall constitute a complete defense to the complaint, and no order shall issue thereon against the person charged. Id. (footnote omitted).

7. Although the Board's decision concerning the alleged unfair labor practices allegedly committed by CATA is not now before us on appeal, Kaolin contends that the conduct forming the basis of these charges nevertheless had a material impact on the representation election. Specifically, Kaolin asserts in its Petition for Review that: The Board erred and acted improperly when it determined that its

previous ruling that CATA had established a valid defense to unfair labor practices under Section 10.1 of the Pennsylvania Labor Relations Act rendered said unfair labor practices irrelevant for purposes of determining whether the election results should be set aside.(Petition for Review at 4.)

8. These final figures total only 243 votes, twenty less than the 263 votes originally cast. The reason for this twenty-vote discrepancy is not readily apparent from the voluminous record, but it is presumably related to the resolution of the 38 ballots which were initially challenged.

9. Specifically, the certified bargaining unit consisted of the following employees as stated in the Board's Nisi Order of Certification: All full-time and regular part-time mushroom production laborers, including but not limited to pickers, casers, spawners and watermen; and excluding office clerical employees, supervisors, managerial employees, over the road truck drivers, the soil division, the compost division, packers, shippers, maintenance shop personnel, contracted laborers, and children and spouses of owners.(Board's Nisi Order of Certification, 3/22/96, at 3.)

10. Our standard of review on appeal from orders of the Board certifying exclusive bargaining representatives is limited to determining whether the Board's findings are supported by substantial and legally credible evidence and whether the Board's conclusions are reasonable and not arbitrary, capricious, or illegal. American Federation of State, County and Municipal Employees, District Council 33, Local 159 v. Commonwealth, 118 Pa.Commonwealth 312, 545 A.2d 426 (1988). Additionally, if the Board's findings are supported by substantial evidence, they are conclusive for purposes of appellate review. Commonwealth v. Pennsylvania Labor Relations Board, 502 Pa. 7, 463 A.2d 409 (1983).

11. Ricardo Rodriguez was the Spanish interpreter present during the hearing to translate for witnesses' questions propounded by counsel from English into Spanish.

12. We also note that, because Mr. Tapia claims to be able to read and understand Spanish, his testimony does not by itself support Kaolin's contention that the interpreter confused the "largely illiterate" electorate and, therefore, also undermines Kaolin's contention that Mr. Tapia was a "typical" employee.

13. The Board found as follows:197. Ms. McGeehan provided instruction

to the Spanish interpreter as to what to tell voters regarding the voting process. This instruction was substantially as follows: 'Here's your ballot, take it behind the booth, place an "X" in the block of your choice, fold it, bring it out, place it in the ballot box.' (Board's Order, 3/12/96, at 2; Finding of Fact (F.F.) No. 197.)

14. We initially note that the Board's May 21, 1993 Order and Notice of Election, which was posted in conspicuous locations prior to the election, specified that proper identification would be required to participate in the election. Specifically, the order stated as follows: "All employees who wish to vote in the election shall bring to the election a suitable form of identification (driver's license, social security card, or other suitable evidence) in English script." (Board Order, 5/21/93, at 2; R.R. at 5.) During the election, however, the parties apparently agreed to relax this identification requirement.

15. In this regard, Kaolin also contends that the Board ostensibly compromised the secrecy of the election by requiring voters lacking identification to sign their name on a list. However, Kaolin presented no testimony indicating that a single employee refused to vote due to their impression that the "veil of secrecy" had been removed from the election. To the contrary, the record indicates that measures were taken to assure the employees that the identification process would not in any way compromise the confidentiality of the voting process. We also note that, although Kaolin has consistently argued below that the Board improperly disenfranchised the right to vote of those employees who turned away and did not vote once they heard the announcement that proper identification was required, nowhere in its petition for review or in any of the exceptions filed below does Kaolin specifically maintain that the Board's identification procedures created the impression that the secrecy of the entire voting process was compromised.

16. Although the statutory prohibition against electioneering within the polling area is unconditional, such conduct does not automatically require that the election be set aside. To the contrary, the statute says only that such electioneering may be the basis for setting aside the election.

17. The Board points out in its brief that, since the Oil City Hospital case was decided in 1974, the Board has implemented a policy whereby Board agents are instructed to remove press and media reporters and photographers during times when actual voting is taking place.

18. We note, however, that on pages 86 through 91 of the hearing examiner's Proposed Decision and Order, the hearing examiner analyzes the relationship between the Union and CATA and ultimately concludes that they are "allies in interest." Additionally, we note that on July 27, 1993, Kaolin attempted to amend the unfair labor practice charge filed on April 6, 1993, by adding, among others, the Union as a respondent. The Secretary of the PLRB dismissed the amended charge, reasoning that the addition of new parties as respondents was tantamount to a new cause of action which was not timely filed pursuant to Section 9(e) of the PLRA, 43 P.S. § 211.9(e), and the Board issued a final order to this effect on September 7, 1993. In affirming the Board's decision to dismiss the amended charge, this Court held that Kaolin's ability to proceed against the Union, when only CATA was named in the original timely-filed charge, was dependent upon whether the additional parties, including the Union, were "alter egos" of CATA. See Kaolin Mushroom Farms, Inc. v. Pennsylvania Labor Relations Board, 164 Pa. Commonwealth 243, 642 A.2d 612 (1994). In that appeal, Kaolin contended that CATA and the Union, as well as their respective officers and agents, were "alter egos and/or allies in interest" for the purpose of organizing a union and that they jointly engaged in organizing, participating and maintaining a strike against Kaolin for the purpose of forcing Kaolin to recognize the Union as the exclusive collective bargaining representative. Id. 642 A.2d at 614.

DOYLE, Judge

FindLaw Career Center

A Petition for Decertification under the Pennsylvania Labor Relations Act (PLRA) was filed with the Pennsylvania Labor Relations Board (Board) on September 15, 2014, by Roberto Morales (Petitioner), alleging that thirty percent or more of the employees of Kaolin Mushroom Farms (Employer) no longer desired to be represented by the Unión De Trabajadores de Kaolin (Kaolin Workers Union)(Union)1 and requesting pursuant to Section 7(c) of the PLRA that the Board schedule a hearing and order an election. The Petition was accompanied by a showing of interest to support the Petitioner's contention that at least thirty percent of the eligible employees desired to decertify the Union as their bargaining representative.

On September 24, 2014, the Secretary of the Board dismissed the Petition for Decertification as untimely. The Secretary stated that, pursuant to Section 7(c) of the PLRA, the Petition was barred by the existing collective bargaining agreement (CBA), which, as set forth in the Petition, expires on October 2, 2016.

On October 14, 2014, the Petitioner and the Employer each filed timely exceptions with the Board challenging the Secretary's dismissal of the Petition for Decertification. The Petitioner alleged in his exceptions that the parties' CBA is effective from August 3, 2009 through October 2, 2016 and that it would be an unreasonable limit on the employees' associational rights under the PLRA to allow the parties' seven-year contract to bar the Petition for Decertification. Both the Petitioner and the Employer urged the Board to apply a three-year contract bar to the present matter and allow an election to be held.

On November 4, 2014, the Union filed a response to the exceptions alleging that the Petitioner and the Employer conceded that the Petition for Decertification is barred by the parties' CBA. The Union further asserted that the Board does not have the authority to adopt a three-year contract bar in contravention of the specific language set forth in Section 7(c) of the PLRA. On November 18, 2014, the Board remanded this matter to the Secretary with direction to order a hearing, citing the Board's previous adoption of the three-year contract bar under the PLRA and Act 111 of 1968. See O'Hara Township, 9 PPER 9073 (Order Fixing Time and Place of Election, 1978), 10 PPER 10313 (Final Order, 1979), aff'd, 14 PPER 14107 (Court of Common Pleas, 1983).

Action was deferred on the decertification petition because, on October 31, 2014, the Union filed a Charge of Unfair Labor Practices against the Employer at Case No. PLRA- C-14-9-E which, if proven, would tend to coerce the employees in the free exercise of their choice of bargaining representative. On November 24, 2014, the Secretary of the Board issued a Complaint and Notice of Hearing establishing December 23, 2014 as the date of hearing on the Union's unfair labor practice charge. The hearing was continued at the request of the parties. On January 5, 2015, the Board received a letter from the Union requesting withdrawal of the charge at Case No. PLRA-C-14-9-E.

On January 23, 2015, an Order and Notice of Hearing was issued directing that a prehearing telephone conference be held on February 11, 2015 and a hearing be held on March 10, 2015 before a Hearing Examiner of the Board. The pre-hearing conference was held as scheduled, at which time the parties agreed to consider entering into a memorandum of agreement for the conduct of an election. On March 2, 2015, memoranda of 1 On March 22, 1996, the Board certified the Union as the exclusive bargaining representative for all full-time and regular part-time mushroom production laborers, including but not limited to pickers, casers, spawners and watermen.

Agreement was filed with the Board by the Employer, Petitioner and Union stipulating to the unit composition, the site for the election, position on the ballot, the eligibility list, and other matters pertaining to the conduct of the election.

On March 6, 2015, an Order and Notice of Decertification Election was issued directing that a secret ballot election be conducted on March 19, 2015, among the employees of the Employer to ascertain whether they wished to continue to be represented by the Union for the purpose of collective bargaining or whether the employees wished no representative. The election was conducted as directed by an election officer assigned by the Board. In the election, the Union received sixty-seven (67) votes and the choice of No Representative received ninety-four (94) votes. On March 27, 2015, a Nisi Order of Decertification was issued by the Board Representative certifying the results of the election and decertifying the Union as the exclusive representative of the Employer's employees. On April 14, 2015, the Union filed timely exceptions with the Board challenging the Board's adoption of a three-year contract bar under Section 7(c) of the PLRA and its Order remanding the matter for a hearing and decertification election. On May 6, 2015, the Employer timely filed a response to the exceptions.

In its exceptions, the Union reiterates its arguments as previously set forth in its November 4, 2014 response to exceptions. Section 7(c) of the PLRA provides, in relevant part, that "any certification of representatives by the board shall be binding for a period of one year, or for a longer period if the contract so provides, even though the unit may have changed its labor organization membership." 43 P.S. § 211.7(c). Unlike the three-year contract bar provision in the Public Employee Relations Act (PERA)2, Section 7(c) of the PLRA does not set forth a maximum limit on the number of years that a contract may bar a representation petition. However, in O'Hara Township, supra, which involved police officers covered under Act 111, the Board adopted a three-year contract bar for representation petitions filed under the PLRA.3 In O'Hara Township, the Board stated as follows:

This Board has on many occasions recognized the existence of a contract bar rule in petitions brought under the PLRA. Shafer's Petition, 347 Pa. 130, 31 A.2d 537 (1943), Pennsylvania Labor Relations Board v. Loose, 402 Pa. 620, 168 A.2d 323 (1961). We have been instructed by the Supreme Court in Philadelphia Fire Officers Association, supra to "construe the two acts together as a single statute." While Section 11 of Act 111 repeals all parts of acts inconsistent with that Act, there is no such inconsistency as Act 111 has no provision for contract bar. Because the PLRA does contain a contract bar provision and because that Act is read in pari materia with Act 111 we must therefore apply a contract bar to petitions brought under Act 111.

In reading Act 111 in pari materia with the PLRA, it is clear that while a contract bar is to apply, it remains for the Board to establish a framework for its application....

In the federal sphere, the contract bar rule was created by the National

Labor Relations Board for the purpose of creating stability in industrial relations. The Board balanced the interest of employees' freedom to choose their own representatives with the interest in stability of industrial relations and fashioned a rule whereby no redetermination of

2 Section 605(7)(i) of PERA provides that "[n]o election shall be conducted... during the term of any lawful collective bargaining agreement.... This restriction shall not apply to that period of time covered by any collective bargaining agreement which exceeds three years...." 43 P.S. § 1101.605(7)(i).

3 Because Act 111 does not contain provisions addressing selection of employee bargaining representatives, the Pennsylvania Supreme Court has directed that Act 111 must be read in pari materia with the PLRA, which does contain such provisions. Philadelphia Fire Officers Association v. Pennsylvania Labor Relations Board, 470 Pa. 550, 369 A.2d 259 (1977). Bargaining representatives could be made until the approaching expiration of a collective bargaining agreement. Superior Electric Products, 6 NLRB 19, 2 LRRM 105 (1938), Container Corporation, 61 NLRB 823, 16 LRRM 112 (1945).

...

We must determine how long a contract may serve to election. The National Board in General Cable Corporation, LRRM 1444 (1962) established a three year contract bar whereby contracts of definite duration for terms up to three years will bar an election for that entire period and contracts having longer fixed terms would be treated for bar purposes as three year agreements and will preclude an election for only the initial three years. This is also the practice adopted by the General Assembly for petitions brought under Act 195 (see 43 P.S. § 1101.101 et seq.). We also think that three years is appropriate as the maximum length of time a contract may serve as a bar for resolution of police/fire questions of representation. While adopting this three -year maximum, we are mindful of a growing trend toward multi-year contracts between public employers and their employees generally and police/fire employees in particular.

9 PPER at 142.

The Board is charged with the responsibility of implementing the public policy behind enactment of the PLRA, which is "to encourage the practice and procedure of collective bargaining and to protect the exercise by workers of full freedom of association, self-organization, and designation of representatives of their own choosing...." 43 P.S. § 211.2(c).

In O'Hara Township, the Board determined that adopting a three-year contract bar to representation petitions filed under the PLRA would further this public policy. To hold otherwise, as argued by the Union, would allow employers and employee organizations to enter into contracts spanning limitless years, hindering the rights of employees to freely choose their representatives. Further, the Board's adoption of a three-year contract bar for representation petitions filed under the PLRA was consistent with the Board's election procedures under PERA and the procedures followed by the National Labor Relations Board in the private sector. Therefore, the Petition for Decertification in this case is not barred by the parties' seven-year agreement because the Petition was filed past the initial three years of the contract.

After a thorough review of the exceptions and all matters of record, the Board shall dismiss the Union's exceptions and make the Nisi Order of Decertification final.

ORDER

In view of the foregoing and in order to effectuate the policies of the Pennsylvania Labor Relations Act, the Board

HEREBY ORDERS AND DIRECTS

that the exceptions filed by the Unión De Trabajadores de Kaolin (Kaolin Workers Union) are hereby dismissed and the Nisi Order of Decertification be and the same is hereby made absolute and final.

SEALED, DATED and MAILED at Harrisburg, Pennsylvania pursuant to conference call meeting of the Pennsylvania Labor Relations Board, L. Dennis Martire, Chairman, Robert H. Shoop, Jr., Member, and Albert Mezzaroba, Member, this twenty-first day of July 2015. The Board hereby authorizes the Secretary of the Board, pursuant to 34 Pa. Code 95.81(a), to issue and serve upon the parties hereto the within Order.

Bibliografía

1) Rapp, David, "*How the US got into agriculture and why it can't get out*", Congressional Quarterly, Inc., 1988

2) Bastalick, Henrietta G.; Taylor, Janice B. and Taylor, Richard W., "*Kennett Square, Yesterday and Today*", KNA Press, Inc., Kennett Square, PA 19348.

3) Mondragón, Héctor Eduardo Velasco; Zuroweste, Edward Lee; Pellet, Lea, "*Accesibilidad a los Servicios de Salud para Agricultores Migrantes Mexicanos en Pennsylvania: Un Abordaje de Evaluación Rápida*". Instituto Nacional de Salud Pública, México, Migrant Clinicians Network, EUA, Christopher Newport University, Virginia, EUA, 18 de octubre de 1993.

4) Garcia, Victor and Gonzalez, Laura, "*Finding and Enumerating Migrants in Mexican Enclaves of the U.S. Northeast: The Case of Southern Chester County, Pennsylvania* Report for the U.S. Census Bureau, Washington, D.C. May 1994.

5) Ibid.

6) Ibid.

7) Smith, Robert C. "*The Social Structure of Accumulation, Immigraton Pathways and IRCA: The Construction of Labor Markets in the Pennsylvania Mushroom Industry, 1969-1989*", Columbia University, New York.

8) C.A.T.A,. "*Nuestro Triunfo en la Unión*", Kennett Square, PA, 1994.

9) Ibid.

10) Ibid.

11) A report prepared by the Delaware and Pennsylvania Advisory Committees to the United States Commission on Civil Rights, *"The Working and Living Conditions of Mushroom Workers"*, 1977.

12) Garcia, Victor and Gonzalez, Laura, *"Finding and Enumerating Migrants in Mexican Enclaves of the U.S. Northeast: The Case of Southern Chester County, Pennsylvania"*. Report for the U.S. Census Bureau, Washington, D.C. May 1994.

13) Folleto de C.A.T.A.

www.ingramcontent.com/pod-product-compliance
Lightning Source LLC
Chambersburg PA
CBHW030442290526

45786CB00001B/405